AF498313

CATALOGUE MENSUEL

(Nouvelle Série, N° 18)

18 OCTOBRE 1898

LIBRAIRIE

DE

THÉOPHILE BELIN

29, Quai Voltaire, PARIS

SOMMAIRE

Carrousel donné en 1662. — Collection complète des Tableaux historiques de la Révolution, 1802, 3 vol. — Collection des Chroniques nationales, pub. par Buchon, 1824-29, 47 vol. — Collection des meilleures dissertations sur l'histoire de France, pub. par Leber, 1830, 20 vol. — Collection des meilleurs ouvrages de la langue française, 1813-19, 23 vol. — *Delange*. Recueil de la faïence dite de Henri II, 1861. — Galerie de Florence, 1789, 2 vol. — Galerie de la duchesse de Berry, 1822, 2 vol. — *Guizot*. Histoire de France, 1877-79, 7 vol. — Herbier général, 1846, 8 vol. — Iconographie des Contemporains, 1833, 3 vol. — Joyeusetés, facéties, 1829-37, 17 vol. — *Le Lorrain*. Liber veritatis, 3 vol. — *Le Sage*. Le Bachelier de Salamanque, 1736-38, 2 vol (rel. doublée). — Revue des Deux-Mondes, 1846-92, 262 vol. — *Saint-Non*, Voyage de Naples, 1781-86, 5 vol. — *Taylor*. Voyages en France. — *Voltaire*. Œuvres, 1829-34, 72 vol.

PARIS

LIBRAIRIE THÉOPHILE BELIN

29, QUAI VOLTAIRE, 29

1898

2457. Abus (De l') des nuditez de Gorge (attribué à Jacques Boileau). *Bruxelles, Franç. Foppens,* 1675, in-12, cuir de Russie, dos orné, dent., tr. dor. (*Simier*). 10 »

Première édition.

2458. Agrippa (H.-C.). De la Grandeur et de l'excellence des femmes au-dessus des hommes ; ouvrage composé en latin, et traduit en français avec des notes curieuses et la vie d'Agrippa (par d'Arnaudin neveu). *Paris, Fr. Babuty,* 1713, in-12, veau fauve, dos orné, dent. et milieux, tr. dor. 20 »

Ce petit ouvrage, tout rempli qu'il soit de faits évidemment controuvés et d'exagérations, est intéressant par les citations historiques qu'il renferme.

2459. Alissan de Chazet. Mémoires, souvenirs, œuvres et portraits. *Paris, Postel,* 1837, 2 vol. in-8, portr., br. 6 »

2460. Almanach de la Cour, de la ville et des départements. *Paris, Janet,* 1806-1814, 7 vol. in-24, mar. et cart. (*Rel. anc.*) 10 »

Années 1806, 1807, 1808, 1811, 1812 et 1814.

On y trouve des renseignements sur tous dignitaires de la Cour impériale.

2461. Anacréon. Odes, traduites en françois, avec le texte grec, la version latine, des notes critiques et un discours sur la musique grecque, par J. B. Gail. *Paris, impr. de Didot l'aîné* (1799), 4 vol. in-18, cart., *non rognés.* 25 »

Portrait de Gail en 2 états : eau-forte et terminé, 4 vignettes de *Queverdo* et 27 pages de musique gravée.

2462. Anthologie française ou chansons choisies depuis le XIIIe siècle jusqu'à présent. 3 vol. in-8. — Choix de chansons joyeuses, supplément à l'anthologie. *A Paris, à Londres et à Ispahan,* 1765, in-8. Ens. 4 vol. in-8, veau. (*Rel. anc*). 35 »

Jolies figures de *Gravelot.*

2463. Antommarchi (Dr F.). Mémoires, ou les derniers momens de Napoléon. *Paris, Barrois aîné,* 1825, 2 vol. in-8, br. 8 »

2464. Argens (Olivier d'). Mémoires et correspondances de divers généraux : Charette, Stofflet, Puisaye, d'Autichamp, Frotté, pour servir à l'histoire de la guerre civile de 1793-1796. *Paris, Baudouin,* 1826, in-8, br. 4 »

2465. Argenson (René d'). Mémoires du marquis d'Argenson, ministre sous Louis XV ; avec une notice sur la vie et les ouvrages de l'auteur. *Paris, Baudouin,* 1825, in-8, cart., *non rogné.* 4 »

2466. Arnault (A.-V.). Souvenirs d'un Sexagénaire. *Paris, Dufey,* 1833, 4 vol. in-8, demi-rel. veau. 20 »

Mémoires historiques, littéraires et artistiques sur l'époque de Louis XVI, de la Révolution, de l'Empire.

2467. Asselineau (Charles). Le Paradis des Gens de lettres selon ce qui a été vu et entendu. *Paris, Poulet-Malassis,* 1862, in-16, front., br. 10 »

Rare.

2468. Aventures (les) de Pomponius, chevalier romain, ou l'histoire de notre tems (par Labadie, revues et publiées par l'abbé Prevost. *Rome, héritiers de Ferranti Pallavicini,* 1725, in-12, veau fauve, dos orné, fil., tr. dor. (*Rel. anc.*) 8 »

Ouvrage satyrique dirigé contre le Régent, Philippe d'Orléans.

2469. Aviceptologie française ou traité général de toutes ruses dont on peut se servir pour prendre les oiseaux qui se trouvent en France, par M. B*** (P. Bulliard). *Paris, Didot le jeune,* 1778, in-12, cart. toile, *non rogné.* 18 »

Frontispice et 35 planches représentant les engins à employer.

2470. Balzac (Honoré de). Histoire de la grandeur et de la décadence de César Birotteau, parfumeur. Nouvelle scène de la vie parisienne. *Paris, chez l'éditeur,* 1838, 2 vol. in-8, cart., *non rognés.* 50 »

Édition originale. Quelques taches.

2471. Barbier (Ant.-Alex.). Dissertation sur 60 traductions françaises de l'Imitation de Jésus-Christ. *Paris, Lefèvre,* 1812, in-12, demi-rel. mar. rouge, *non rogné.* 10 »

Bonne bibliographie raisonnée.

2472. Bartsch. Notice de quelques copies trompeuses d'Estampes anciennes, avec des additions par M. Ch. Le Blanc. *Paris,* 1849, in-8, demi-rel. veau brun, éb. 10 »

13 planches donnant les caractéristiques pour distinguer les originaux des copies.

2473. Basnage. Le Grand Tableau de l'univers, dans lequel sont peints les événemens depuis la création jusqu'à la fin de l'apocalypse, représentés en figures par Romein de Hooge, accompagnés de discours. *Amsterdam,* 1714, in-fol., veau, orn. sur les plats. 30 »

Portrait, frontispice colorié, cartes et planches. Reliure un peu fatiguée.

Achat de Bibliothèques

2474. Baudot (Marc-Antoine). Notes historiques sur la Convention nationale, le Directoire, l'Empire et l'exil des votants. *Paris, Cerf*, 1893, in-8, br.   4 »

2475. Beauchamp (Alphonse de). Vie politique, militaire et privée du général Moreau depuis sa naissance jusqu'à sa mort. *Paris, Le Prieur*, 1814, in-8, port., br.   8 »

2476. Bernard (P.-J.). Œuvres, ornées de gravures, d'après les dessins de Prud'hon ; la dernière estampe gravée par lui-même. *A Paris, de l'impr. de P. Didot l'aîné*, 1797, in-4, demi-rel. chagr. rouge, *non rogné*.   70 »

Exemplaire sur PAPIER VÉLIN contenant les figures en double état avec et AVANT LA LETTRE. La planche de Phrosine et Mélidore est plus courte.

2477. Besenval (Baron de). Mémoires avec une notice sur sa vie. *Paris, Baudouin*, 1821, 2 vol. in-8, br.   5 »

2478. Billard de Veaux (Alexandre). Mémoires de Billard de Veaux, ancien chef vendéen, ou biographie des personnes marquantes de la chouannerie et de la Vendée. *Paris et Versailles*, 1832, 3 vol. in-8, br.   12 »

2479. Blaze (Elzéar). Le Chasseur au Chien courant. *Paris, l'auteur*, 1838, 2 vol. in-8, br., couv.   12 »

2480. Boccace. Contes et nouvelles de Boccace, florentin. Traduction libre, accommodée au goût de ce temps. *Amsterdam, George Gallet*, 1697, 2 vol. pet. in-8, vélin.   60 »

PREMIER TIRAGE des gravures de *Romain de Hooghe*.

2481. Boileau-Despréaux. Œuvres de Boileau, édition dédiée au Roi. *Paris, de l'impr. de P. Didot l'aîné*, 1819, 2 tomes en 1 vol. gr. in-fol., demi-rel. dos et coins de cuir de Russie, tête dor., *non rogné*.   50 »

Cette magnifique édition, tirée sur PAPIER VÉLIN est ornée de 9 vignettes dessinées par A. Fortin, gravées par A. Girardet, et n'a été tirée qu'à 125 exemplaires. Les vignettes sont AVANT LA LETTRE.

2482. Bonchamps et de **La Rochejacquelein** (Marquises de). Mémoires de la marquise de Bonchamps, rédigés par Mme la comtesse de Genlis. — Mémoires de la marquise de la Rochejacquelein. *Paris, Baudouin*, 1823, in-8, br.   6 »

2483. Brantôme. Œuvres complètes, augmentées de plusieurs fragments inédits. *Paris, Foucault*, 1822-1823, 8 vol. in-8, br.   25 »

2484. Bussy-Rabutin. Discours du comte de Bussy-Rabutin à ses enfans, sur le bon usage des adversitez, et les divers évenemens de sa vie. Troisième édition. *Paris, Rigaud*, 1701, in-12, mar. bleu, fil. à froid, tr. dor. (*Duru*).   20 »

Bel exemplaire.

2485. Cabinet (Le) du Roy de France, dans lequel il y a trois perles précieuses d'inestimable valeur, par le moyen desquelles sa Majesté s'en va le premier monarque du monde, et ses sujets du tout soulagez. *S. l.*, 1581, pet. in-8, mar. noir, dos orné, double rangée de fil. à froid, fleurons d'angles et milieux dorés (*Amand*).   60 »

Ce rare traité a été attribué à Nicolas Barnaud et à Froumenteau. Les trois perles sont la parole de Dieu, la Noblesse et le Tiers-État.

2486. Cabinet (Le) du Roy de France, dans lequel il y a trois perles précieuses d'inestimable valeur. *S. l.*, 1582, pet. in-8, basane verte, dos orné, dent., tr. dor. (*Rel. anc.*)   30 »

Traité attribué à Nicolas Barnaud et à Froumenteau.

2487. Cabinet Satyrique (Le) ou Recueil (*sic*) parfait des vers piquants et satyriques de ce temps, tiré des secrets cabinets des sieurs de Sigognes Regnier, etc. *S. l.*, 1667-1672, 2 vol. pet. in-12, veau brun.   30 »

Édition peu commune.

2488. Cabrol (Dr). Le Maréchal de Saint-Arnaud en Crimée. *Paris, Tresse et Stock*, 1895, in-8, portr. et fac-similé, br.   4 50

2489. Cadet-de-Vaux (Ant.-Al.). Dissertation sur le Café ; son historique, ses propriétés et le procédé pour en obtenir la boisson la plus agréable. *Paris*, 1806, in-8, br.   3 »

2490. Callières (F. de). Des Mots à la mode, et des nouvelles façons de parler, avec des observations sur diverses manières d'agir et de s'exprimer, et un discours en vers sur les mêmes matières (par Fr. de Callières). *Paris, Claude Barbin*, 1693, in-12, mar. rouge, fil., dos et coins fleurdelisés, tr. dor. (*Rel. anc.*)   40 »

Bel exemplaire.

2491. Campan (Mme). Mémoires sur la vie privée de Marie-Antoinette, reine de France et de Navarre. *Paris, Baudoin*, 1822, 3 vol. in-8, br.   15 »

2492. Caresme-Prenant. Procès et amples examinations sur la vie de Caresme-Prenant dans lesquelles sont amplement descrites toutes les tromperies, astuces, etc., qu'il a commis. Traduit d'italien en françois. *Paris*, 1605, pet. in-8, cart.   10 »

Réimpression faite au xviiie siècle de cette pièce facétieuse à laquelle on a joint : *Traité de mariage entre Julian Peoger et Jacqueline Papinet et la copie d'un bail faicte par une jeune dame.*

2493. Carrosses (Les) à cinq sols, ou les omnibus du xviie siècle (publié par L. J. N. Monmerqué). *Paris, impr. de Firmin Didot*, 1828, in-12, demi-rel. mar. rouge, tête dor., *non rogné.* 4 »

2494. Carrousel donné à Paris en 1662, par le roi Louis XIV. In-fol., veau.   60 »

Recueil de 30 belles planches gravées en taille-douce représentant le Roi et tous les grands seigneurs de la Cour dans leurs fantastiques costumes de parade. Le Cortège se composait de cinq quadrilles : celui des Romains commandé par le Roi, celui des Perses par son frère Gaston, celui des Turcs par le prince de Condé, celui des Indiens par le duc d'Enghien et celui des Américains par le duc de Guise.

2495. Caylus (Mme de). Les Souvenirs de Madame de Caylus. *Amsterdam, M. M. Rey*, 1770, in-12, demi-rel. chagr. bleu, tête dor., *non rogné.*   8 »

Première édition (avec texte encadré) mais sans les notes de Voltaire.

2496. Cazotte. Le Diable amoureux, nouvelle espagnole. *A Naples (Paris)*, 1772, in-8, mar. vert, dos orné, double rangée de fil., tête dor., *non rogné.*   15 »

6 figures-charges attribuées à *Marillier* et la gravure à *Moreau*. La première a été remontée.

2497. Cervantes. El ingenioso hidalgo Don Quixote de la Mancha. *En Madrid*, 1798, 8 vol. — Vida de Miguel de Cervantes Saaveda por D. Juan Antonio Pellicer. *Madrid*, 1800. Ens. 9 vol. in-18, chagr. vert, tr. dor.   60 »

Jolies vignettes à mi-page.

2498. Chaboulon (Baron Fleury de). Les Cents Jours. Mémoires pour servir à l'histoire de la vie privée, du retour et du règne de Napoléon en 1815. *Londres, C. Roworth*, 1820, 2 vol. in-8, br.   12 »

2499. Chansonnier (le Petit) françois, ou choix des meilleures chansons, sur des airs connus. Deuxième édition. *Genève et Paris, veuve Duchesne*, 1780, in-12, front., veau. (*Rel. anc.*) 10 »

Chansons par Panard, Moncrif, Collé, Voltaire, La Monnoye, abbé de Lattaignant, etc.

2500. Champfleury. Les Chats, histoire, mœurs, observations, anecdotes. *Paris, Rothschild*, 1869, in-12, mar. rouge jans., tr. dor.   20 »

52 vignettes par *Eugène Delacroix, Viol-*

let-le-Duc, *Mérimée, Manet, Ribot*, etc. Papier vergé.

2501. Champfleury. Recherches sur les origines et les variations de la Légende du bonhomme Misère. *Paris, Poulet-Malassis et de Broise*, 1861, in-8, demi-rel. chagr. rouge, éb., *non rogné.*   10 »

Ouvrage rare tiré à 200 exemplaires.

2502. Chateaubriand (Fr.-Aug. de). Atala. René. *Paris, Le Normant*, 1805, in-12, demi-rel. mar. rouge, *non rogné.*   20 »

Première édition d'Atala publiée avec l'aveu de l'auteur, et première réunion des deux ouvrages Atala et René.

6 figures de *S.-B. Garnier* gravées par *Aug. de Saint-Aubin et P.-P. Choffard.*

Exemplaire entièrement non rogné.

2503. Cheffontaine. Chrestienne confutation du poinct d'honneur, sur lequel la noblesse fonde aujourd'huy ses monomachie et querelles. Revue et augmentée. *Paris, Arnold Sittart*, 1586, pet. in-8, veau fauve, dos orné, fil., tr. dor. (*Rel. anc.*)   20 »

Ecrit contre le Duel. Nom gratté sur le titre.

2504. Chefs-d'Œuvre antiques. *Paris, Quantin*, 1881-1889, 7 vol. in-32, br. Chaque volume   5 »

Virgile. Les Bucoliques. — *Anacréon et Sapho.* Poésies. — *Horace.* Odes et Epodes. — *Théocrite.* Idylles. — *Properce.* Elégies. — *Lucius.* L'Ane. — *Catulle.* Odes à Lesbie.

Chacun de ces volumes est illustré de jolies figures sur bois et de charmants encadrements en couleurs.

2505. Chorier. Aloisiæ Sigeæ, Toletanæ Satyra Sotadica de Arcanis Amoris et Veneris. Aloisia Hispanice scripsit, Latinitate donavit Joannes Meursius (re vera auctore Nicolao Chorier). *Parisiis, Is. Liseux*, 1885, in-12, br.   6 »

Ce livre, dont il a été fait d'innombrables éditions sous le titre de *Joannis Meursii Elegantiæ Latini sermonis*, est en réalité l'œuvre d'un jurisconsulte Français du xviie siècle, Nicolas Chorier : un écrivain nourri du plus pur miel de l'Antiquité, le dernier Classique Latin, comme Bossuet le dernier Père de l'Église. Déjà, il y a près d'un siècle et demi, les éditeurs de la Collection Barbou lui assignaient sa place, entre Virgile et l'*Imitation de Jésus-Christ.* Les Latinistes contemporains seront heureux de le retrouver ici, dans une édition plus correcte et plus lisible qu'aucune de ses devancières.

2506. Chronique scandaleuse (la) ou Mémoires pour servir à l'histoire de la génération présente. Nouvelle édition considérablement augmentée et renfermant les anecdotes les plus piquantes que l'histoire secrète des sociétés a offertes. *Paris*, 1785-1791, 5 vol. in-12, demi-rel. dos et coins de mar.

Achat de Bibliothèques

citron, dos orné, tête dor., *non rognés (David).*   60   »

Bel exemplaire de cette rare collection.

2507. Ciceronis. Opera. *Lugduni Batavorum, ex off. Elzeviriana,* 1642, 10 vol. pet. in-12, mar. rouge, dos orné, fil., tr. dor. *(Rel. anc.)*   90   »

Deux des volumes sont en reliure moderne.

2508. Cléry. Journal de Cléry suivi des dernières heures de Louis XVI par M. Edgeworth de Firmont ; et du récit des événements arrivés au Temple par Mme Royale, fille du roi. *Paris, Baudouin,* 1825, in-8, br.   6   »

2509. Cocu (le) content, ou le véritable miroir des amoureux. Histoire nouvelle et galante. *Sur l'imprimé à Amsterdam, Jean Wijnk (Rouen),* 1702, pet. in-12, mar. bleu, dos orné, fil., tr. dor. *(Ducastin).*   15   »

Nouvelle édition du roman attribué à G. Bremond publié d'abord sous le titre du « double cocu ».

2510. Collection complète des Tableaux historiques de la Révolution française. *Paris, Auber (imprimé par Didot ainé),* an X, 1802, 3 vol. in-fol., pl. et portr., demi-rel. veau fauve, dos orné, *non rognés. (Rel. anc.)*   450   »

Un des ouvrages les plus remarquables sur la Révolution française, publié, dans cette édition, avec le texte de l'abbé Fauchet et de Chamfort, revu et expurgé par Guinguené et Pagès.

Il est illustré en totalité de 213 planches, qui en font un des documents les plus consultés, par la précision et l'exactitude avec lesquelles les événements les plus marquants de cette époque ont été rendus. Ces planches, dues aux meilleurs artistes de la fin du xviiie siècle, comprennent : 3 frontispices de *Fragonard fils,* gravés par *Malapeau* et *Copia* : 111 planches de scènes et de batailles dessinées par *Delvaux, Duplessi-Bertaux, Fragonard fils, Girardet, Meunier, Ozanne, Prieur, Swebach-Desfontaines* et *Veny,* gravées par *Bertault, Choffard, Coiny, Desault, Duparc, Duplessi-Bertaux, Dupréel, Girardet, Lépine, Le Gouaz, Malapeau, Niquet* et *Pélicier ;* et, 66 portraits-médaillons gravés d'après *Levacher,* par *Chinard, Girard* et *Mme Lebrun,* avec autant de scènes de la vie des personnages représentés, dues au crayon et au burin délicat de *Duplessi-Bertaux.*

Très bel exemplaire entièrement NON ROGNÉ.

2511. Collection des anciens Poëtes français. *Paris, Coustelier,* 1723-1724, 10 vol. in-12, veau marbré.   50   »

Poésies de Coquillart. — Poésies de G. Crétin. — Poésies de G. Marot. — OEuvres de Villon. — Légende de maistre Pierre Faifeu. — La Farce de maistre Patelin. — OEuvres de Racan, 2 vol. — Poésies de Martial de Paris, dit d'Auvergne, 2 vol.

2512. Collection des Chroniques nationales françaises écrites en langue vulgaire, du XIIIe au XIVe siècle, avec des notes et éclaircissemens, par J.-A. Buchon. *Paris, Verdière et Carez,* 1824-1829, 47 vol. in-8, br.   100   »

2513. Collection des meilleurs Dissertations, notices et traités particuliers relatifs à l'Histoire de France, composée, en grande partie, de pièces rares, qui n'ont jamais été publiées séparément ; par C. Leber. *Paris, Dentu,* 1838, 20 vol. in-8, br.   60   »

2514. Collection des meilleurs Ouvrages de la langue française dédiée aux dames. *Paris, de l'impr. de P. Didot l'ainé,* 1813-1819, 23 vol. in-16, cart., *non rognés.*   120   »

Mme *Riccoboni.* Lettres de mylady Castelby ; Histoire du marquis de Cressy ; Lettres de Mme de Sancerre, 2 vol. ; Lettres de Mistriss Fanny Butlerd. — Mme *de Lafayette.* Zayde, 2 vol. ; La princesse de Clèves, 2 vol. — *Hamilton.* Mémoires de Grammont, 3 vol. ; Contes, 3 vol. — Mme *de Tencin.* Comte de Comminge ; Siège de Calais. — *Voltaire.* La Henriade, 2 vol. — *La Bruyère.* Caractères, 4 vol.

PAPIER VÉLIN.

2515. Collection des Mémoires relatifs à l'Histoire de France, depuis la fondation de la Monarchie française jusqu'au XIIIe siècle, publiée par M. Guizot. *Paris, Brière,* 1823-1835, 32 vol. in-8, br.   70   »

2516. Collection des Moralistes anciens, dédiée au Roi. *Paris, Didot l'ainé et De Bure l'ainé,* 1783, 15 tomes en 8 vol. in-16, demi-rel. mar. rouge, dos orné, *non rognés. (Rel. anc.)* 70   »

Très bel exemplaire, dans une reliure genre Bozérian, comprenant : Pensées de Confucius, Morale de Sénèque, Entretiens de Socrate, Pensées de Plutarque, Apophthegmes des Lacédémoniens, Morale d'Isocrate et de Cicéron, Manuel d'Epictète, Sentences des sages de la Grèce, Morale de Moïse.

2517. Collin de Plancy (J.-A.-S). Anecdotes du dix-neuvième siècle, ou historiettes inédites. *Paris, Collin de Plancy,* 1821-1822, 2 vol. in-8, br.   10   »

2518. — Légendes des douze Convives du chanoine de Tours. *Paris, Plon,* s. d., br., couv. ill. en couleur.   6   »

Frontispice et figure en chromolithographie.

2519. Comte de Gabalis (le), ou entretiens sur les Sciences secrètes. *Paris, Claude Barbin,* 1670, in-18, mar. rouge, dos orné, fil., tr. dor. *(Rel. anc.)*   125   »

ÉDITION ORIGINALE.

Ce rare ouvrage a été composé en partie par l'abbé Montfaucon de Villars, Dauphinois, d'après la *Chiave del Gabinetto* de G.-F. Borri.

Et de Livres anciens et modernes

2520. Constant (Benjamin). Mémoires sur les Cents Jours, en forme de lettres, avec les notes et documents inédits. *Paris, Pichon et Didier*, in-8, front., br.   6 »

2521. Contes théologiques, suivis des litanies des catholiques du XVIIIᵉ siècle et de poésies érotico-philosophiques ou recueil presque édifiant. *Paris, imprimerie de la Sorbonne et se rend aux Chartreux, chez le portier*, 1783, in-8, demi-rel. dos et coins de mar. rouge, dos orné, tête dor., éb., *non rogné (Capé*).   25 »

Première édition de ce recueil de vers de Voltaire, Boufflers, Crébillon, Poinsinet, et autres auteurs du xviiiᵉ siècle.

2522. Cornazano. Proverbs in Jests or the tales of Cornazano (xvᵗʰ century). Literally translated into English, with the Italian text. *Paris, Liseux*, in-16 de 240 pp., br.   12 »

One of the most agreeable collections of Tales bequeathed us by Italy, so rich in this kind of literature. The idea of taking ordinary proverbs and assigning them, by means of amusing stories, quite an unexpected origin, is most ingenious indeed. These short and pleasant Tales will be read with the greatest interest : they possess all the charm of those of Boccaccio, together with the keenness of Poggio's *Facetiæ*.

2523. Correspondance de Mᵐᵉ Gourdan, dite la Comtesse, augmentée de 10 lettres inédites dont deux fac-similées, suivie de la description de sa maison et de diverses curiosités qui s'y trouvent avec un recueil de chansons à l'usage de ses soupers. *Londres (Poulet-Malassis)*, 1866, in-12, front., br.   20 »

Rare.

2524. Correspondance entre Boileau-Despréaux et Brossette, avocat au parlement de Lyon, publiée sur les manuscrits originaux par Aug. Laverdet. Introduction par J. Janin. *Paris, Techener*, 1858, gr. in-8, demi-rel. dos et coins de mar. brun, tête dor., *non rogné (Capé*).   20 »

L'un des 25 exemplaires tirés sur grand papier de Hollande.

2525. Coup d'État (le) anecdotique (2 décembre 1851), avec lettres et documents inédits. *Paris, libr. de la société des gens de lettres* (1873), in-8, br.   3 »

2526. Crapelet (G.-A.). Robert Estienne, imprimeur royal et le roi François Iᵉʳ. Nouvelles recherches sur l'état des lettres et de l'imprimerie au xviᵉ siècle. *Paris, impr. de Crapelet*, 1839, in-8, demi-rel. chagr. brun, tête dor.,

non rogné.   7 »
7 planches en taille-douce.

2527. Crétineau-Joly (J.). Charette, drame politique. Poésies vendéennes et mélanges. *Paris*, 1833, in-8, br.   3 »

2528. Culte et loix d'une société d'hommes sans Dieu (par Sylvain Maréchal). *S. l., l'an Iᵉʳ de la raison, VI de la république française*, in-8 de 64 pp., demi-rel. dos et coins de mar. vert, tête dor.   15 »

Très curieux statuts d'une société dont le culte était basé sur la seule vertu.

2529. Cyrano de Bergerac. Les Œuvres diverses. *Amsterdam, Daniel Pain*, 1699, 2 tomes en un vol. pet. in-8, parchemin.   12 »

Les figures annoncées sur le titre manquent.

2530. Daudet. Le Roman du Chaperon-Rouge. Scènes et fantaisies. *Paris, Michel Lévy*, 1862, in-18, br.   8 »

Édition originale contenant le Roman du Chaperon-Rouge, les Ames du Purgatoire, Un Concours pour Charenton, l'Amour trompette, les sept pendues de Barbe-Bleue, les Rossinols du Cimetière.

2531. Decaisne et **Naudin.** Manuel de l'Amateur des Jardins. Traité général d'horticulture. *Paris, Firmin-Didot*, s. d. (1862-1872), 4 vol. pet. in-8, cart., *non rognés.*   25 »

Figures sur bois de Riocreux gravées par F. Leblanc.

2532. Delange (H. et Carle). Recueil de toutes les pièces connues jusqu'à ce jour de la faïence française dite de Henri II et Diane de Poitiers. *Paris*, 1861, in-fol., demi-rel. dos et coins de cuir de Russie, tête dor.   300 »

L'un des 150 exemplaires (nᵒ 23) sur papier vergé, illustré de 52 planches en couleurs. La pl. intitulée : Biberon. Collection du prince Galitzin à Moscou, manque comme dans tous les exemplaires.

2533. Delavigne (Casimir). Théâtre et poésies. *Paris*, 1819-1821, 4 tomes en un vol. in-8, demi-rel.   8 »

Les Vêpres siciliennes, tragédie. — Trois Messéniennes sur les malheurs de la France. — Les Comédiens, comédie. — Le Paria, tragédie, front.

2534. Denis Ferd., **Pinçon** et de **Martonne.** Nouveau manuel de Bibliographie universelle. *Paris, Roret*, 1857, 3 vol. in-18, cart., *non rognés (Thivet et Durcand).*   8 »

2535. Denon (Vivant). L'Œuvre originale de Vivant Denon, ancien directeur général des musées. Collection de 317 eaux-fortes dessinées et gravées par ce célèbre artiste. *Paris, Bar-*

raud, 1873, 2 vol. in-fol., fig., demi-
rel. dos et coins de mar. brun, tête
dor., *non rognés*. 150 »

Exemplaire en GRAND PAPIER DE HOLLANDE,
tiré à 48 exemplaires, avec les épreuves des
figures montées sur onglets, en double état,
noire et sanguine.

2536. **Description** d'une partie de la
vallée de Montmorency et de ses plus
agréables jardins (par J.-C. Le Prieur).
Tempé, et Paris chez Moutard, 1784,
in-8, veau. 25 »

19 figures gravées.

2537. **Desmoulins** (Camille). Le vieux
Cordelier. Seule édition complète précédée d'un essai sur la vie et les écrits
de l'auteur par M. Matton aîné. *Paris,
Ebrard*, 1836, in-8, portr., br. 3 »

Taches de rousseur.

2538. **Desormeaux.** Histoire de la
maison de Bourbon, par M. Desormeaux, historiographe de la maison de
Bourbon. *Paris, de l'Impr. royale*,
1772-1788, 5 vol. in-4, demi-rel. basane. 75 »

Ouvrage recherché pour ses illustrations, qui
se composent de frontispice, fleurons sur les
titres, portraits, vignettes et culs-de-lampe.
La reliure n'est pas uniforme.

2539. **Desportes** (Ph.). Les Œuvres de
Philippes Des-Portes, abbé de Thiron,
revenes et corrigées. *Rouen, Raphaël
du Petit Val*, 1611, in-16, titre gravé,
vélin, dos orné, dent. et milieux, tr.
dor. (*Rel. anc.*) 40 »

Édition imprimée en caractères italiques avec
titre gravé en taille-douce par *Léonard Gaultier*. Jolie reliure.

2540. **Devise** (La) des Armes des Chevaliers de la Table ronde, lesquels
estoyent du très renommé et vertueux
Artus, roy de la grand Bretaigne. Avec
la description de leurs armoiries.
Lyon, Benoist Rigaud, 1590, in-16 de
192 pp. chiffr., veau fauve, tr. rouge.
50 »

Petit volume fort rare, imprimé en lettres
rondes et renfermant 177 blasons imaginaires
des chevaliers de la Table ronde.

2541. **Dezallier d'Argenville.**
Voyage pittoresque des environs de
Paris, ou description des maisons
royales, châteaux et autres lieux de
plaisance situés à quinze lieues aux
environs de cette ville, par M. D***. *Paris, de Bure*, 1768, in-12, front.,
veau. 4 »

3542. **Dictionnaire des Girouettes.**
ou nos contemporains peints d'après
eux-mêmes (par Proisy d'Eppe). *Paris,
Emery*, 1815, in-8, br. 5 »

Première édition de cette spirituelle satire

des fonctionnaires et des dignitaires de l'époque
impériale et royale.
Frontispice en couleur.

2543. **Diderot.** Jacques le fataliste et
son maître. *Paris, Buisson, an V*
(1797), 2 vol. in-8, cart., *non rognés*.
10 »

2544. **Dit** (Un) d'aventures, pièce bur-
lesque et satirique du XIIIe siècle. — Le
Dit de Ménage, pièce en vers du XIVe
siècle, publiées pour la première fois
par G.-S. Trebutien. *Paris, Silvestre*,
1835, in-8, mar. citron, fil. à froid,
tête dor., éb. (*Duru*). 15 »

Ces deux pièces, imprimées en caractères gothiques à l'imitation des originaux, ont été tirées à petit nombre.

2545. **Dit** (le) de la Gageure. *Paris,
impr. de Plassans*, 1835, in-8, demi-
rel. dos et coins de mar. bleu, dos
orné, tête dor., éb. (*Niedrée*). 10 »

Tiré à 50 exemplaires sur PAPIER VÉLIN.

2546. **Dit** (Le) des trois pommes, légende en vers du XIVe siècle, publiée
pour la première fois par G.-S. Trebutien. *Paris, Silvestre*, 1837, in-8,
demi-rel. dos et coins de chagr.
rouge, dos orné, tête dor., éb. (*Niedrée*). 10 »

Tiré à petit nombre.

2547. **Doré** (Pierre). Les Allumettes du
feu divin pour faire ardre les cueurs
humains en l'amour de Dieu, où sont
declarez les principaux articles et
mystères de la passion de nostre saul-
veur Jésus avec les Voyes de Paradis.
Paris, Anthoine Bonnemere, 1540,
pet. in-8, mar. rouge, tr. bleue. (*Rel.
anc.*) 25 »

Édition assez rare. Deux feuillets ont été lé-
gèrement brûlés dans le haut de la marge.

2548. **Diable à Paris** (le). Paris et les
Parisiens. Mœurs et coutumes, carac-
tère et portraits des habitants de Paris. Tableau complet de leur vie privée.
Paris, Hetzel, 1845-1846, 2 vol. gr.
in-8, demi-rel. chagrin vert. 30 »

PREMIER TIRAGE de cet excellent ouvrage hu-
moristique, dont le texte a été rédigé par
George Sand, Balzac, Nodier, Nerval, Musset,
Th. Gautier, etc., et illustré de figures aux spi-
rituelles légendes par Gavarni, Bertall et
autres.

2549. **Diderot.** Pensées philosophiques.
A Londres, chez Porphyre, 1757,
in-16, veau marbr. 40 »

Édition renfermant 62 pensées, avec frontispice gravé et double titre intitulé « Étrennes
aux Esprits forts ».
Exemplaire aux armes du duc de Hartcourt.

2550. **Donation de Constantin** (la),
premier titre du pouvoir temporel des
Papes, où il est prouvé que cette

Donation n'a jamais existé, et que l'acte attribué à Constantin est l'œuvre d'un faussaire, par Laurent Valla (xv⁰ siècle), traduit en français pour la première fois et précédé d'une étude historique par Alcide Bonneau, avec le texte latin. *Paris*, 1879, in-18, br. 7 50

PAPIER DE HOLLANDE.

2551. **Du Bellay** (Joachim). Les Œuvres, reveues, et de nouveau augmentées de plusieurs poësies non encores auparavant imprimées. *Paris, impr. de Féderic Morel*, 1573, in-8, vélin. 50 »

Défense et illustration de la langue française. L'Olive. La Musagnœomachie. Vers lyriques. Recueil de Poesies. IV⁰ livre de l'Énéide. Jeux rustiques, etc.

2552. **Du Mesnil** (Marie). Mémoires sur le prince Le Brun, duc de Plaisance, et sur les événements auxquels il prit part, sous les Parlemens, la Révolution, le Consulat et l'Empire. *Paris, Rapilly*, 1828, in-8, br. 3 »

2553. **Du Moulin** (Pierre). Anatomie de la Messe. Où est monstré par l'écriture saincte, et par les tesmoignages de l'ancienne eglise, que la messe est contraire à la parole de Dieu. *Genève, Philippe Gamonet*, 1641, *et Pierre Aubert*. 1653, 2 tomes en un vol. pet. in-8, veau, dos orné, fil., tr. dor. (*Rel. anc.*) 20 »

2554. **Dumouriez** (Général). Mémoires et correspondance inédits du général Dumouriez. *Paris, Renduel*, 1834, 2 vol. in-8, br. 10 »

2555. **Duras** (duchesse de). Ourika. *Paris, Ladvocat*, 1824, in-8, demi-rel. mar. rouge, tête dor., *non rogné.* 5 »

SECONDE ÉDITION, la première mise dans le commerce. Bel exemplaire.

2556. **Duval** (Jacques). Traité des Hermaphrodits, parties génitales, accouchemens des femmes, etc., ou sont expliquez la figure des laboureur et verger du genre humain, signes de pucelage, défloration, conception, et la belle industrie dont use Nature en la promotion du concept et plante prolifique. par Jacques Duval, docteur et professeur en médecine, natif d'Évreux, demeurant à Rouen. *Paris, Liseux*, 1880, in-8, br. 25 »

Réimprimé sur l'édition unique (Rouen 1612), orné de gravures sur bois, imprimé sur PAPIER DE HOLLANDE et tiré à 100 exemplaires numérotés.

2557. **Écouteur** (L') aux portes. Petite revue morale et satyrique. *Paris, L. Janet*, s. d., demi-rel. veau fauve. 5 »

Titre gravé et 4 figures.

2558. **Ecquevilly** (Marquis d'). Campagnes du Corps sous les ordres de S. A. S. Mgr le prince de Condé. *Paris, Le Normant*, 1818, 3 vol. in-8, portr., br. 12 »

Facsimile d'autographe et carte des opérarations de l'armée de Condé.

2559. **Éloge** de la Roture. Dédié aux roturiers (par l'abbé Jaubert). *Londres et Paris, Dessain junior*, 1766, in-12, veau fauve, dos orné, dent. à froid, tr. dor. 25 »

Exemplaire du comte H. DE LA BÉDOYÈRE.

2560. **Entrée triomphante** (L') de leurs majestez Louis XIV, roy de France et de Navarre, et Marie-Thérèse d'Austriche son espouse, dans la ville de Paris, capitale de leurs royaumes, au retour de la signature de la paix générale et de leur heureux mariage. *Paris, P. Le Petit*, 1662, in-fol., veau. 80 »

Portrait, front. de *Chauveau* et 22 pl. gravées par *J. Marot* et *Chauveau*, d'après *Lepautre*, et le portrait de Louis XIV, par *Poilly*, d'après *Mignot*, ajouté. Reliure fatiguée.

2561. **Erasme**. L'Éloge de la Folie ; traduction nouvelle du latin d'Erasme par M. Barrett. *Paris, Defer de Maisonneuve*, 1789, in-8, mar. vert clair, dos orné, fil., milieux, tr. dor. 20 »

Frontispice et 11 figures non signés. Bel exemplaire.

2562. **Essai** sur l'histoire naturelle de quelques espèces de Moines, décrits à la manière de Linné. Ouvrage traduit du latin (d'Ignace de Born) par M. Jean d'Antimoine, naturaliste du Grand-Lama. *A Monachopolis*, 1784, in-8, demi-rel. chagr. 8 »

Le véritable traducteur de cet ouvrage satirique est P.-M.-A. Broussonnet. Trois planches en taille-douce.

2563. **Essai** sur le feu sacré et sur les Vestales (par Dubois-Fontanelle). *Amsterdam et Paris, Le Jay*, 1768, in-8, cart., éb., *non rogné.* 7 »

2564. **État militaire** de France, par MM. de Montandre et de Roussel. *Paris, chez Guillyn*, in-18, veau. *Années* 1769, 1773, 1780, 1787. Chaque année. 10 »

2565. **Etrennes voluptueuses**, par Madame L. M. D. P. *A Londres*, s. d., in-16, demi-rel. 40 »

D'après une note manuscrite du f. de garde, cet opuscule serait de la marquise de Pompadour ; *les quatre parties du jour* insérées à la suite sont du cardinal de Bernis.

2566. **Fauche-Borel**. Mémoires. *Paris, Moutardier*, 1829, portr., 4 tomes en

Achat de Bibliothèques

5 vol. in-8, br.   16 »
Mémoires sur la Révolution et sur l'Émigra
tion.

2567. Fénelon. Les Aventures de Télémaque, fils d'Ulysse. *Paris, Ant.-Aug. Renouard*, 1882, 2 vol. in-12, chagr. brun, dos orné, fil., tr. dor. (*David*).
                     50 »
Bel exemplaire avec les suites de *Monnet* et de *Lefèvre* ajoutées.

2568. Fénelon. Éducation des Filles, par M. l'abbé de Fénelon. *Paris, Pierre Aubouin*, 1687, in-12, veau.
                     10 »
Édition originale.

2569. Ferrières (Marquis de). Mémoires, avec une notice sur sa vie. *Paris, Baudouin*, 1821, 3 vol. in-8, br.
                     15 »

2570. Fleury (Claude). Les Devoirs des Maîtres et des Domestiques. *Paris, P. Aubouin*, 1688, in-12, mar. Lavallière jans., tr. dor. (*Hardy-Mennil*).
                     35 »
Édition originale. — Ce livre, exécuté par les presses de Laurens Rondet, fut achevé d'imprimer le 20 décembre 1687.

2571. Florian. Fables de Florian. *Paris, A.-A. Renouard*, 1812, in-12, mar. vert. dos orné, dent., tr. dor. (*Rel. anc.*)
                     10 »
Papier vélin. 8 jolies figures de *Moreau le jeune* gravées en taille-douce par *B. Roger*. — Légères mouillures.

2572. Foé (Daniel de). Aventures de Robinson Crusoé. Traduction nouvelle. Édition illustrée par Granville. *Paris, H. Fournier*, 1840, in-8, demi-rel. mar. violet, dos orné, *non rogné*.
                     20 »
Premier tirage. Frontispice sur Chine volant et 40 planches, gravées sur bois par *Quartley, Sears, Brst, Guillaumot, Laisné*, etc. ; vignettes dans le texte. — Mouillures.

2573. Fontenay-Mareuil (Marquis de). Mémoires de Messire du Val, Marquis de Fontenay-Mareuil, Maréchal des camps et armées du Roy, publiés pour la première fois par L. J. N. Monmerqué. *Paris, Foucauld*, 1826, 2 vol. in-8, br.
                     5 »

2574. Forcellini. Totius latinitatis Lexicon, consilio et cura Jacobi Facciolati opera et studio Ægidii Forcellini, secundum tertiam editionem, cujus curam gessit Josephus Furlanetto correctum et auctum labore variorum. *Lipsiæ*, 1839. 4 tomes en 2 vol. in-fol. à 3 col., demi-rel. mar rouge.   60 »

2575. Fournier (Édouard). Le Vieux-Neuf, histoire ancienne des invention

et découvertes modernes. Deuxième édition. *Paris, Dentu*, 1877, 3 vol. in-12, br.   15 »

2576. Foy (Général). Discours du Général Foy, précédés d'une notice biographique par M. P. F. Tissot, d'un éloge par M. Étienne, et d'un essai sur l'éloquence politique en France par M. Jay. *Paris, Moutardier*, 1826, 2 vol. in-8, portr., br.
                     7 »

2577. Fréron. Mémoire historique sur la réaction royale et sur les massacres du Midi. *Paris, Baudouin*, 1824, in-8, br.   3 »

2578. Furetière. Le Roman bourgeois. Nouvelle édition, revue de nouveau, corrigée et augmentée. *Nancy, J.-B. Cusson*, 1712, in-12, demi-rel. mar. citron, dos orné, *non rogné*.   40 »
Bel exemplaire provenant de la bibliothèque de Pixerécourt. Portrait de Furetière ajouté.

2579. Gaguin (Robert). L'Immaculée Conception de la Vierge Marie, poème de Robert Gaguin, docteur en Sorbonne, général de Mathurins (xve siècle) ; suivi de Poésies diverses. Traduit pour la première fois, texte latin en regard, par Alcide Bonneau. *Paris*, 1885, pet. in-8, br.   6 »
On se fait généralement une idée très vague du mystère de l'Immaculée Conception, que l'on confond souvent avec celui de l'Incarnation de Jésus, et même, ce qui semble plus singulier, avec l'Assomption de la Vierge : ainsi le beau tableau de Murillo, au Louvre, est également connu sous le nom d'*Immaculée Conception* et sous celui d'*Assomption*. L'Immaculée Conception de Marie est son exemption du péché originel, à l'instant même de sa procréation par Anne et Joachim : question d'embryogénie sacrée des plus délicates, que les théologiens se contentent d'effleurer par discrétion, et que Robert Gaguin a seul traitée à fond, en entrant dans des détails physiologiques sans lesquels on ne saurait l'élucider.

2580. Gaillardet (Frédéric). Mémoires sur la chevalière d'Eon. La vérité sur les mystères de sa vie d'après des documents authentiques suivis de douze lettres inédites de Beaumarchais. *Paris, Dentu, s. d.* (1866), in-8, portr., br.
                     4 »

2581. Galanteries (les) des Rois de France (par Vannel et Sauval). A *Cologne, chez Pierre Marteau, s. d.* (vers 1725), 3 vol. in-12, veau fauve, fil. (*Rel. anc.*)   20 »
Frontispice, titres et jolies figures en taille-douce.

2582. Galerie française, ou collection de portraits des hommes et des

Et de Livres anciens et modernes

femmes qui ont illustré la France dans les XVIe XVIIe et XVIIIe siècles, avec des notices et des fac-similés. Précédée d'une introduction qui comprendra les principaux événements qui se sont passés depuis Mérovée jusqu'à Louis XII. *Paris, Firmin-Didot*, 1821, 3 vol. in-4, demi-rel. dos et coins de mar. rouge, tête dor., *non rognés*.   140 »

Exemplaire sur PAPIER VÉLIN avec nombreux portraits lithographiques et fac-similés d'écriture.

2583. Galerie de Florence. Tableaux, statues, bas-reliefs et camées de la Galerie de Florence et du palais Pitti, dessinés par Wicar, avec les explications par M. Mongez. *Paris, Lacombe*, 1789, 4 tomes en 2 vol. in-fol., demi-rel. mar. vert, *non rognés*.   350 »

200 planches. Très belles épreuves.

2584. Galerie de S. A. R. Madame la duchesse de Berry. Ouvrage dédié à Son Altesse Royale sous la direction de M. le chevalier Bonnemaison. *Paris, Didot*, 1822, 2 vol. in-fol., mar. rouge, orn. sur les plats, *non rognés*.   150 »

Nombreuses figures sur Chine. Exemplaire aux armes de la Duchesse de BERRY.

2585. Gaimard (Paul). Voyages en Scandinavie, en Laponie, au Spitzberg et aux Feroé, publiés par ordre du roi. *Paris, Arthus Bertrand*, 2 vol. in-fol., demi-rel. chagr. rouge, *non rognés*.   100 »

310 planches.

2586. Garnier (J.-M.). Histoire de l'Imagerie populaire et des cartes à jouer à Chartres. *Chartres, Garnier*, 1869, in-8, br.   5 »

Illustrations sur bois.

2587. Garnier (Robert). Les Tragédies de Robert Garnier, conseiller du Roy... revues et corrigées de nouveau. *Rouen, Raphaël du Petit Val*, 1616, pet. in-12, veau marbré. (*Rel. anc.*)   35 »

Exemplaire aux armes du duc de LA VALLIÈRE. — Cachet de la bibliothèque de CAYROL sur le titre.

2588. Garnier-Pagès. Histoire de la Révolution de 1848. *Paris, Pagnerre*, 1861-1862, 8 vol. in-8, cart. toile.   20 »

Beau portrait de l'auteur, gravé par Goutière, d'après Martinet.

2589. Gautier (Théophile). Celle-ci et Celle-là. Nouvelle édition. *Lucerne (Bruxelles)*. 1864, in-12, demi-rel.

chagr. rouge, tête dor., *non rogné*.   15 »

Édition publiée par Jules Gay, à 200 exemplaires sur PAPIER DE HOLLANDE. Rare.

2590. Gavarni. Œuvres nouvelles. *Paris, Libr. nouvelle, s. d.*, 3 vol. pet. in-fol., demi-rel. chagr. rouge, tr. dor.   60 »

Les Partageuses, 40 pl. — Les Invalides du sentiment, 30 pl. — Piano, 10 pl. — Manière de voir des voyageurs, 10 pl. — Les Anglais chez eux, 20 pl. — La Foire aux amours, 10 pl. — L'École des Pierrots, 10 pl. — Ce qui se fait dans les meilleures sociétés, 10 pl. — Histoire de politiquer, 30 pl. — Les Bohèmes. 20 pl. — Propos de Thomas Vireloque, 20 pl. — Les parents terribles, 20 pl. — Messieurs du feuilleton, 9 pl. — Études d'androgynes, 10 pl.

2591. Gazette anecdotique, littéraire, artistique et bibliographique, publiée par G. d'Heylli. *Paris, libr. des Bibliophiles*, 1876-1891, 32 vol. in-12, br.   100 »

Collection complète des 16 années de cette intéressante gazette.

2592. Généalogie de la maison de Choiseul. *S. l. n. d. (vers 1760)*, in-8, veau fauve, dos orné, tr. dor. (*Rel. anc.*)   15 »

Aux armes d'Étienne-François, duc de CHOISEUL-STAINVILLE, ministre d'État.

2593. Genlis (Comtesse de). Mémoires inédits sur le XVIIIe siècle et la Révolution française depuis 1756 jusqu'à nos jours. *Paris, Ladvocat*, 1825, 10 vol. in-8, br.   35 »

2594. Gessner. Œuvres de Salomon Gessner. *Paris, A.-A. Renouard*, 1795, 4 vol. pet. in-8, portr., front. et fig., veau fauve, dos orné, dent., tr. dor.   80 »

Édition tirée sur papier vélin, ornée de 3 portraits et de 48 jolies figures par Moreau, gravées par Baquoy, Dambrun, Delvaux, Dupréel, Lemire, Girardet, etc.

2595. Giardini (Joan). Promptuarium artis argentariæ, ad cujuscumque generis vasa argentea ac aurea invenienda ac conficienda utile. *Romæ*, 1759, in-fol., demi-rel. dos et coins de mar. rouge, tr. dor.   200 »

Recueil de 100 planches gravées.

2596. Gilbert. Œuvres complètes de Gilbert, publiées pour la première fois avec les corrections de l'auteur. *Paris, Dalibon*, 1823, in-8, demi-rel. chagr. noir.   3 »

Portrait et figures de Desenne.

2597. Gohier. Mémoire pour le Tiers-État de Bretagne. *S. l.*, 1789, in-8, br.   4 »

2598. Gaëte (Duc de). Mémoires, sou-

Achat de Bibliothèques

venirs, opinions et écrits du duc de Gaëte (Martin-Michel-Charles Gudin), ancien ministre des finances. *Paris, Baudouin*, 1826, 2 vol. in-8, br.   35 »

Rare. De la collection des mémoires relatifs à la Révolution.

2599. **Gonse** (Louis). L'Art ancien et l'Art moderne à l'exposition de 1878. *Paris, Quantin*, 1879, 2 vol. in-4, br.   20 »

Figures dans le texte et hors-texte. Eaux-fortes.

2600. **Granier de Cassagnac**. Histoire des causes de la Révolution française. *Paris, H. Plon*, 1856, 4 vol. in-8, demi-rel. chagr. rouge, tr. dor.   10 »

Envoi d'auteur.

2601. **Graffigny** (Mme de). Lettres d'une Péruvienne. Nouvelle édition, augmentée d'une suite qui n'a pas encore été imprimée. *Paris (Bleuet), de l'impr. de Didot l'aîné*, 1797, 2 vol. pet. in-12, mar. rouge jans., tête dor., *non rognés (Thivet)*.   50 »

Portrait gravé par *de Launay*, 8 charmantes figures de *Lefèvre*, gravées par *Coiny*.

2602. **Guilbert** (Aristide). Histoire des villes de France. *Paris*, 1853, 6 vol. gr. in-8, br.   30 »

Ouvrage rare et recherché, il contient un grand nombre de figures de *Rouargue frères*, gravées sur acier, représentant des vues de châteaux et de villes de France.

2603. **Guillon de Montléon** (Aimé). Mémoires pour servir à l'histoire de la ville de Lyon pendant la Révolution. Plan de la ville de Lyon. *Paris, Baudouin*, 1824, 2 vol. in-8, br.   8 »

2604. **Guirlande de Julie** (la). offerte à Mlle de Rambouillet, Julie-Lucine d'Angenes. par M. le marquis de Montausier. *Paris, impr. de Monsieur*, 1784, pet. in-8, br.   8 »

PAPIER VÉLIN.

2605. **Guirlande de Julie** (la), offerte à Mlle de Rambouillet, Julie-Lucine d'Angenes, par le marquis de Montausier. *Paris. Adèle Prudhomme (impr. de Didot le jeune)*, 1818, in-16, br., couv.   15 »

30 gravures par Mlle Legendre.

2606. **Guise** (Mlle de). Les Amours du Grand Alcandre, suivis de pièces intéressantes pour servir à l'histoire de Henri IV. *Paris, impr. de Didot l'aîné*, 1786, 2 vol. in-12, demi-rel. mar. vert, dos orné.   10 »

2607. **Guyon** (l'abbé). Histoire des Amazones anciennes et modernes. enrichie de médailles, avec une pré-

face historique. *Bruxelles, Jean Léonard*, 1741, in-12, pl., demi-rel. mar. rouge, tête dor., *non rogné (Bruyère)*.   8 »

Le dernier feuillet a été réémargé.

2608. **Guys**. Marseille ancienne et moderne. *Paris, veuve Duchesne*, 1786, in-8, veau marbré.   4 »

2609. **Guizot**. Histoire de France, depuis les temps les plus reculés jusqu'en 1789, racontée à mes petits-enfants. *Paris, Hachette*, 1877-1879, 7 vol. gr. in-8, demi-rel. chagrin rouge. plats toile, tr. dor. (*Rel. de l'Editeur.*)   110 »

Nombreuses illustrations.
Les 2 derniers volumes comprennent l'Histoire de France de 1789 à 1848.

2610. **Hanet-Cléry** (P.-L.). Mémoires anecdotiques, souvenirs et mélanges sur la Révolution française, le Directoire, le Consulat, l'Empire et la Restauration. *Paris*, 1832, 2 vol. in-8, br.   8 »

2611. **Hatin**. Histoire politique et littéraire de la Presse en France, par Eugène Hatin. *Paris, Poulet-Malassis et de Broise*, 1859-1861, 8 vol. in-8, cart. toile, *non rognés*.   40 »

2612. **Hédelin**. Des Satyres brutes, monstres et démons, de leur nature et adoration contre l'opinion de ceux qui ont estimé les satyres estre une espèce d'hommes distincts et séparez des adamiques. *Paris, Nicolas Buon*, 1627, pet. in-8, veau fauve, dos orné, fil. (*Rel. anc.*)   40 »

Aux armes de PRONDRE DE GUERMANTE.

2613. **Herbier** général de l'amateur, contenant la description, l'histoire, les propriétés et la culture des végétaux utiles et agréables, par Mordant de Launay, continué par M. Loiseleur-Deslongchamps. *Paris, Audot*, 1816, 8 vol. gr. in-8, cart., *non rognés*.   275 »

Nombreuses figures peintes d'après nature par *P. Bessa*. Exemplaire en PAPIER VÉLIN.

2614. **Hervieux de Chanteloup**. Nouveau traité des serins de Canarie. contenant la manière de les élever et les appareiller, pour en avoir de belles races ; avec les remarques sur les signes et causes de leurs maladies, et plusieurs secrets pour les guérir. *Paris, Saugrain*, 1766, in-12, veau.   5 »

Frontispice et musique.

2615. **Histoire** de l'Esprit révolutionnaire des Nobles en France, sous les soixante-huit rois de la Monarchie (par Giraud). *Paris, Baudouin*, 1818, 2 vol. in-8, cart., *non rognés*.   6 »

Et de Livres anciens et modernes

2616. Histoire de l'Estat de France, tant de la République que de la Religion, sous le règne de François II (par de la Planche). S. l., 1576, un tome en 2 vol. pet. in-8, veau fauve, dos orné, fil., tr. marbr. (*Rel. anc.*) 30 »

Ouvrage écrit par un ardent partisan de la Réforme. Bel exemplaire.

2617. Histoire des Sociétés secrètes de l'armée et des conspirations militaires qui ont eu pour objet la destruction du gouvernement de Bonaparte. *Paris, Gide*, 1815, in-8, br. 4 »

Ouvrage dû à la collaboration de Nodier, Rigomer-Bazin, Didier (de Grenoble), Lemure et Lombard (de Langres).

2618. Histoire du Couronnement, ou relation des cérémonies religieuses, politiques et militaires, qui ont eu lieu pendant les jours mémorables consacrés à célébrer le Couronnement et le Sacre de S. M. I. Napoléon Ier, Empereur des Français. *Paris, P.-L. Dubray*, 1805, in-8, demi-rel. dos et coins de mar. rouge, *non rogné*. (*Rel. anc.*) 25 »

Cette relation est due à J. Dusaulchoy, le discours préliminaire à Joseph Lavallée et le classement et vérification des listes à A. Coupé.
Portraits par *Aug. Desnoyers* et *Isabey*.

2619. Histoire du Père La Chaize, jésuite et confesseur du roi Louis XIV. *Bruxelles*, 1719 (1884), 2 vol. in-8, br. 8 »

Ouvrage des plus satiriques dirigé contre les mœurs du célèbre confesseur.
Portrait en taille-douce.

2620. Histoire nouvelle de Margot des Pelotons, ou la galanterie naturelle (par Huerne de la Mothe). *Genève*, 1775, in-8, veau fauve, dos orné, fil. (*Rel. anc.*) 25 »

Ouvrage que le bibliophile Jacob estimait devoir prendre rang, avec Manon Lescaut, à la tête des romans français.

2621. Histoire secrète de la reine Zarah, ou la duchesse de Marlborough démasquée. Traduite de l'anglois (du docteur H. Sacheverell). *Oxford (Hollande), Alexandre le Vertueux*, 1711, in-12, veau. 8 »

2622. Holbein. Le Triomphe de la Mort, gravé d'après les dessins originaux de Holbein. par Chrétien de Méchel. graveur à Bale, 1780. (*Paris, Raçon*), pet. in-8 carré, mar. vert jans., tr. dor. (*David*). 60 »

Frontispice, 46 planches et grand culs-de-lampe gravés sur cuivre.
Bel exemplaire avec les figures en ancien tirage

2623. Horace. Œuvres complètes d'Ho-

race, par ordre de production. Traduction de Goupy. *Paris, Firmin-Didot*, 1857, pet. in-12, portr., mar. bleu, dos orné, double rangée de fil., tr. dor. (*David*). 12 »

Jolie édition avec texte encadré d'un filet et supérieurement imprimée.

2624. Houel (Jean). Voyage pittoresque des iles de Sicile, de Malte et de Lipari, où l'on traite des antiquités qui s'y trouvent encore, des principaux phénomènes que la nature y offre, du costume des habitants et de quelques usages. *Paris, de l'impr. de Monsieur*, 1782-1787, 4 vol. in-fol., demi-rel. veau fauve, *non rognés*. 75 »

Très beau livre contenant 241 pl. dessinée et gravées à la manière du lavis par *Houël*.

2625. Hozier (d'). Indicateur nobiliaire, ou table alphabétique des noms de famille nobles susceptibles d'être enregistrées dans l'armorial général de feu M. d'Hozier. *Paris*, 1818, in-8, demi-rel. mar. vert, dos orné, *non rogné*. 25 »

2626. Huet (Daniel). Traitté de la situation du Paradis terrestre. *Paris, J. Anisson*, 1691, in-12, front., veau gris, dos orné, fil. dor. et dent. à froid. 15 »

Ouvrage singulier. L'auteur place le Paradis près du golfe Persique, sur les bords de l'Euphrate.
Bel exemplaire avec une carte de la contrée gravée en taille-douce.

2627. Hugo (Général). Mémoires du général Hugo, gouverneur de plusieurs provinces et aide-major-général des armées en Espagne. *Paris, Ladvocat*, 1823-1824, 3 vol. in-8, br. 15 »

Ces mémoires sont ceux de Sigismond Hugo, père de Victor Hugo.

2628. Hurtado de Mendoza. La Vie de Lazarille de Tormes, et de ses fortunes et adversités. Traduicte nouvellement d'espagnol en françois par M. B. P. *Paris, Boutonné*, 1620, 2 vol. in-12, mar. violet, dos orné, double rangée de fil., tr. dor. (*Tripon*). 30 »

La seconde partie a été traduite par d'Audiguier jeune.
4 vignettes en taille-douce sur le titre, finement gravées.

2629. Hurtrel (Mme Alice). Les Amours de Catherine de Bourbon, sœur du roi et du comte de Soissons. *Paris, Georges Hurtrel*, 1882, pet. in-8, br. 5 »

Illustrations de *Lalauze, Riesier, Uzès* et *G. Hurtrel*.

2630. Iconographie des Contemporains depuis 1789 jusqu'à 1829. *Paris,*

Achat de Bibliothèques

Delpech, 1833, 2 vol. in-4, demi-rel. mar. rouge, éb.   50 »

202 portraits lithographiés de personnages célèbres de la Révolution, de l'Empire et de la Restauration.

2631. Janin. Debureau. Histoire du Théâtre à quatre sous pour faire suite à l'histoire du Théâtre-Français. Seconde édition. *Paris, Gosselin*, 1832, 2 tomes en un vol. in-12, demi-rel. dos et coins de mar. bleu, tête dor., éb.   20 »

Ouvrage rare, orné de 2 frontispices et de vignettes sur bois.

2632. Jeaurat. Traité de perspective à l'usage des artistes. *Paris, Jombert*, 1750, in-4, fig., veau marbré.   20 »

Edition la plus complète sous cette date, ornée de jolis culs-de-lampe par *Babel*, et de 110 planches sur cuivre.

2633. Jombert (Ch.-Ant.). Catalogue raisonné de l'Œuvre de Sébastien Le Clerc, dessinateur et graveur du cabinet du Roi, disposé par ordre historique, suivant l'année où chaque pièce a été gravée, depuis 1650 jusqu'en 1714. *Paris, l'auteur*, 1774, 2 vol. in-8, cart., éb.   18 »

2634. Joubert père (F.-E.). Manuel de l'Amateur d'Estampes, faisant suite au manuel du libraire. *Paris, l'auteur*, 1821, 3 vol. in-8, demi-rel. basane.   25 »

Remarques qui déterminent le mérite et la priorité des épreuves. — Caractères auxquels on distingue les originaux d'avec les copies.— Prix que les pièces capitales peuvent conserver dans le commerce, etc.

2635. Joyeusetez, Facecies et folastres Imaginations de Caresme-prenant, Gaulthier Garguille, Guillot Gorju, Roger Bontemps, etc. *Paris, Techener*, 1829-1837, 17 vol. in-16, mar., dos orné, fil., tr. dor. (*Hardy*).   350 »

Collection de facéties et de poésies anciennes, la plupart très rares, tirée sur PAPIER DE HOLLANDE.

Tome I : Evangile des connoilles. — Tome II : Facecies de Du Moulinet. — Tome III : Dix pièces sur le mariage (car. goth.). — Tome IV : Dix pièces : le Caquet des chambrières, les Ruses des chambrières, la Maltôte des cuisinières, etc. — Tome V : La Fleur de toute joyeuseté (car. goth.). — Tome VI : La Fleur des chansons nouvelles. Le Blason des danses, par G. Paradin. — Tome VII : Recueil de tout soulas. Le Plaisant boutehors d'oysiveté (car. goth.). — Tome VIII : 1 pièces : Vie généreuse des Mattois, Cabale des filous, le Jargon. Complainte au grand coesre. — Tome IX : Six pièces : Songe de la pucelle. Divers Propos d'un prieur, Dialogue plaisant. Devot sermon de saint Jambon. Sermon de saint Raisin, Déploration de Robin. Moyens d'éviter mérencolie (car. goth.). — Tome X : Formulaire fort récréatif de tous contrats. — Tome XI : les Adevineaux amoureux. —

Tome XII : Avis des trois bibliophiles et 6 pièces. — Tome XIII : Liminaire des trois bibliophiles : Fleur des chansons. Chanson nouvelle des Suysses. Cri de joye (car. goth.). — Tome XIV : Avis des trois bibliophiles et 8 pièces. — Tome XV : Dernier mot des trois bibliophiles, 10 pièces sur Tabarin. — Tome XVI : Avis des trois bibliophiles, 12 pièces de La Coquille, Caresme-prenant, Gaultier Garguille, etc. — Tome XVII : Les Quinze Joies de mariage.

Bel exemplaire de M. A. VEINANT, dans une jolie reliure de Hardy en maroquin de diverses couleurs : vert foncé, vert clair, orange, citron, rouge, bleu, etc.

2636. Julyot (Ferry). Les Elegies de la belle fille lamentant sa virginité perdue. Réimpression complète publiée d'après l'édition originale de 1557, avec notice, éclaircissements et index. *Paris, L. Willem*, 1873, in-8, mar. fauve, dos orné, fil., tête dor., *non rogné* (*Courmont*).   50 »

Un des 25 exemplaires sur PAPIER DE CHINE.

2637. Keepsake (The). *London, Longmann*, 1838-1848, 8 vol. in-8, cart. toile.   80 »

Collection, dans son cartonnage original, comprenant les années 1838, 1840 a 1845 et 1848 ; illustrée de nombreuses et jolies planches gravées en taille-douce.

2638. Labbé (Philippe). Tableaux généalogiques de la maison royale de France et des six pairies laïcques Bourgogne, Normandie, Guyenne, Tolose, Flandre, Champagne. Seconde édition. *Paris, Gaspar Meturas*, 1652, in-12, veau.   12 »

Du même auteur on a relié à la suite : *Le Blazon royal des armoiries royales, accompagné d'un recueil des armoiries de plusieurs familles de ce royaume.* Paris, 1652.

2639. Labé (Louise). Euvres de Louïze Labe lionnoize. *Lyon, Scheuring* (*impr. L. Perrin*), 1862, in-8, mar. dos et coins de mar. bleu, dos orné, tête dor., *non rogné* (*Allô*).   12 »

Édition tirée à 209 exemplaires sur PAPIER VERGE.

2640. La Blairie (Olivier). Jupiter en bonne fortune, suivi de pièces fugitives. *Paris, Gueffier*, 1802, in-8, front., demi-rel. dos et coins de veau fauve, dos orné, tête dor., *non rogné*.   5 »

2641. La Boëssière (Marquis de). Considérations militaires et politiques sur les guerres de l'Ouest pendant la Révolution française. *Paris, Henry*, 1827, in-8, br.   3 »

2642. La Bruyère. Les Caractères de La Bruyère, suivis des Caractères de Théophraste traduits du grec par le même. *Paris, Didot,* 1819, 4 tomes en 2 vol. in-16, portr., demi-rel. mar. à

Et de Livres anciens et modernes

grains longs, dos orné, fil., tr. dor. 20 »

Bel exemplaire. — De la collection de la duchesse d'Angoulème.

2643. Labyrinte de Versailles. *Paris, impr. royale,* 1679, in-8, veau granit. *(Rel. anc.)*   70 »

11 planches de *Sébastien Le Clerc,* gravées sur cuivre accompagnées de fables en vers par Benserade et d'une explication des figures du Labyrinthe, tirées des fables d'Ésope, par Charles Perrault.

2644. Lachau (l'abbé de) et **Le Blond.** Description des principales pierres gravées de cabinet de S. A. S. Mgr le duc d'Orléans, premier prince du sang. *Paris, chez l'abbé Lachau, chez l'abbé Le Blond et chez Pissot, libraire,* 1780-1784, 2 vol. in-fol., cart., *non rognés.*   70 »

Superbe frontispice par *Cochin,* gravé par *Saint-Aubin,* renfermant le portrait du duc d'Orléans : 1 fleuron, le même pour les deux titres, par *Saint-Aubin* : 2 très jolies vignettes en têtes du 1er vol. et du 2e dessinées et gravées par *Saint-Aubin,* quoique non signées et 54 culs-de-lampe, la plupart d'une grande beauté (44 dans le 1er et 10 dans le 2e) tous dessinés et gravés par *Saint-Aubin* à l'exception du dernier du 1er vol. gravé par Mme *E. de Sabran.*

2645. Laclos (Choderlos de). Les Liaisons dangereuses. Lettres recueillies dans une société, et publiées pour l'instruction de quelques autres, par C*** de L*** (Choderlos de Laclos). *Londres (Paris),* 1796, 2 vol. in-8, front. et fig., demi-rel. dos et coins de mar. bleu, tête dor., éb. *(Capé).* 130 »

2 frontispices et 13 figures par *Monnet,* Mlle *Gérard* et *Fragonard fils.*

2646. La Fayette (Comtesse de). Mémoires de Hollande, histoire particulière en forme de roman. Quatrième édition revue sur l'édition originale par J. P. A. Parison et publiée avec des notes par A. T. Barbier. *Paris. J. Techener,* 1856, in-12, portr., veau fauve, dos orné, fil., tr. dor. *(Petit-Simier).*   15 »

Bel exemplaire.

2647. Lafon (Mary). Rome ancienne et moderne. *Paris, Furne,* 1852, gr. in-8, br.   12 »

Belles figures sur acier.

2648. La Fontaine. Contes et Nouvelles en vers par J. de La Fontaine. *A Londres (Cazin),* 1780, 2 vol. in-12, fig., veau, dos orné, fil., tr. dor. *(Rel. anc.)*   120 »

Portrait de La Fontaine et 24 jolies figures de *Desrais.* Bel exemplaire.

2649. — Contes et nouvelles en vers, par M. de La Fontaine. *Lyon, Scheuring,* 1874-1875, 2 vol. in-8, fig., mar. citron,

dos orné, fil., tr. dor. *(R. Petit).* 80 »

Édition avec la préface de Jules Janin. Bel exemplaire numéroté, tiré sur PAPIER DE CHINE, contenant la double suite des figures d'après *Eisen* et *Fragonard,* les en-têtes et les culs-de-lampe à l'eau-forte d'après *Delorme.*

2650. La Fontaine. Fables. *Paris, Bossange,* 1796, 6 vol. pet. in-12, veau fauve, dos orné, dent., tr. dor. *(Rel. anc.)*   70 »

Frontispice et 275 figures de *Simon* et *Coiny.*

2651. — Fables de La Fontaine, avec de nouvelles gravures exécutées en relief. *Paris, Ant.-Aug. Renouard,* 1811, 2 vol. in-12, veau vert, dos orné, dent., tr. dor. *(Noel).*   40 »

Belle édition imprimée avec beaucoup de soin. Elle est illustrée de curieuses vignettes sur bois dues au burin de *Duplat,* qui obtint alors un brevet de 15 années pour les perfectionnements qu'il avait apportés dans son art.

2652. — Fables, avec notes. *Paris, Crapelet,* 1830, 2 vol. in-16, veau rose, dos orné, dent. à froid, tr. dor.   8 »

75 petites figures gravées sur bois. Taches de rousseur.

2653. — Fables. Nouvelle édition. *Paris, Fournier,* 1839, 2 vol. in-8, chagrin Lavallière, orn. sur les plats, tr. dor. *(Rel. de l'époque.)*   25 »

Édition ornée de 2 frontispices sur *Chine volant* et 240 figures de *Grandville,* gravés sur bois formant la collection complète de l'illustration des Fables de La Fontaine par cet artiste.

2654. — Fables. Illustrées à l'eau-forte par Delierre. *Paris, Quantin,* 1882, 2 vol. in-4, en livraisons.   70 »

Magnifique édition d'amateur, tirée à petit nombre et imprimée sur PAPIER A LA CUVE fabriqué spécialement pour cet ouvrage, enrichie d'ornements d'après *Bérain* et publiée en 13 fascicules, contenant chacun un livre illustré de 6 grandes compositions à l'eau-forte, imprimées hors-texte, plus 3 planches pour la préface.

2655. La Harpe. Tangu et Félime, poème en 4 chants. *Paris, Pissot,* 1780, pet. in-8, veau marbré, dos orné.   45 »

Titre gravé et 4 très jolies figures par *Marillier,* gravées par *Dambrun, de Ghendt, Halbou* et *Ponce.*

2656. La Hodde (Lucien de). Histoire des Sociétés secrètes et du parti républicain de 1830 à 1848. *Paris, Julien Lanier,* 1850, in-8, br.   3 »

2657. Lai d'Ignaurès, en vers, du XIIe siècle par Renaut, suivi des lais de Melion et du trot en vers du XIIIe siècle, publiés pour la première fois par L.-J.-N. Monmerqué et Francisque Michel. *Paris, Silvestre,*

Achat de Bibliothèques

1832, in-8, demi-rel. dos et coins de mar. rouge, dos orné, tête dor., éb., *non rogné (Raparlier).* 10 »

Un des 125 exemplaires tirés sur PAPIER VÉLIN.

2658. **Lamartine.** Jocelyn, épisode. Journal trouvé chez un curé de village. *Paris, Pagnerre,* 1861, in-16, demi-rel. dos et coins de chagr. violet, tête dor., *non rogné (Raparlier).* 4 »

2659. **Lamber** (Mme Adam ; Juliette). Récits d'une Paysanne. *Paris, Lemonnyer,* 1885, in-8, br. 40 »

Exemplaire sur GRAND PAPIER DU JAPON. 200 figures de *Fraipont,* avec tirage à part des figures, publié à 150 fr.

2660. **Lasalle** (Albert de). Histoire des Bouffes-Parisiens. *Paris, Bourdillat,* 1860, pet. in-12, demi-rel. veau. 3 »

Histoire d'un théâtre parisien consacré à l'opérette.

2661. **La Vallière** (Duchesse de). Réflexions sur la Miséricorde de Dieu par une dame pénitente. Nouvelle édition augmentée. *Paris, Ant. Dezallier,* 1712, in-12, veau. 10 »

Cette édition est suivie du « Récit abrégé de la vie pénitente de Mme la duchesse de la Vallière » qui paraît ici pour la première fois.

2662. **La Varenne.** Le vray Cuisinier françois, enseignant la manière de bien apprester et assaisonner toutes sortes de viandes, grasses et maigres, légumes et pastisseries en perfection, etc. Nouvelle édition. *Amsterdam, Pierre Mortier, s. d.,* in-12, front., veau. 10 »

Édition augmentée du maistre d'hôtel et du grand écuyer-tranchant. — A la suite, *Traité de Confiture.* Amst., P. Mortier, s. d.

2663. **La Villemarqué** (Hersart de). Chants populaires de la Bretagne, recueillis et publiés avec une traduction française, des arguments, des notes et les mélodies originales. Quatrième édition. *Paris, Franck,* 1846, 2 vol. in-12, br. 4 »

2664. **Lebeuf.** Histoire de la ville et de tout le diocèse de Paris, par M. l'abbé Lebeuf. *Paris, Prault,* 1754-1758, 15 vol. in-12, veau. 120 »

Ouvrage des plus précieux pour l'histoire de Paris et de ses environs. Rare.

2665. **Le Clerc** (Sébastien). Pratique de la Géométrie, sur le papier et sur le terrein : où par une méthode nouvelle et singulière l'on peut avec facilité et en peu de tems se perfectionner en cette science. *Paris, Jombert,*

1744, in-12, veau marbré. 15 »

Frontispice, et planches de géométrie accompagnées de charmantes petites compositions : vues et paysages, gravés en taille-douce.

2666. **Le Lorrain** (Claude). Liber veritatis, or a Collection of Prints after the original designs of Claude le Lorrain ; in the collection of his grace the duke of Devonshire, executed by Richard Earlom, in the manner and taste of the drawings, to which is added a descriptive catalogue of each print ; together with, the names of those for whom, and the places for which, the original pictures were first painted. Taken from the hand-writing of Claude le Lorrain of the bach of each drawing and the present possessors of many of the original pictures. *London, Boydell and C^o, Cheapside, s. d.,* 3 vol. in-fol., demi-rel. dos et coins de mar. rouge, dos orné, fil., tr. dor. 350 »

Collection de 300 planches très rare.

2667. **Le Nail.** Le Château de Blois (extérieur et intérieur). *Paris, Ducher,* 1875, in-fol., dans un carton. 70 »

60 planches.

2668. **Lenglet du Fresnoy.** Histoire de Jeanne d'Arc, dite la Pucelle d'Orléans. *Amsterdam, par la Compagnie,* 1775, 3 tomes en un vol. in-12, portr., mar. rouge jans., tr. dor. (*David*). 60 »

Bel exemplaire.

2669. **Le Roy** (Onésime). Études sur les Mystères, monuments historiques et littéraires la plupart inconnus et sur divers manuscrits de Gerson. *Paris, L. Hachette,* 1837, in-8, br. 7 »

2670. **Le Sage.** Le Bachelier de Salamanque, ou les mémoires de D. Chérubin de La Ronda, tirés d'un manuscrit espagnol. *Paris et La Haye,* 1736-1738, 2 vol. in-12, mar. bleu jans., doublés de mar. bleu, tr. dor. (*Chambolle-Duru*). 300 »

ÉDITION ORIGINALE. Bel exemplaire avec 3 figures non signées. Haut. 165 mill.

2671. **Leverrier de La Conterie.** L'École de la chasse aux chiens courants ou vénerie normande. Nouvelle édition, revue et annotée, précédée d'une introduction et de la Saint-Hubert. Avec un nouveau traité de la maladie des chiens, les tons de chasse, etc. *Paris, Bouchard-Huzard,* 1845, in-8, fig., demi-rel. chagr. vert. 12 »

2672. **Linscot** (Hugues de). Le Grand Routier de Mer par Jean Hugues

Et de Livres anciens et modernes

de Linscoth hollandois, contenant une instruction des routes et cours qu'il convient tenir en la navigation des Indes orientales et au voyage de la coste du Brésil, des Antilles et du cap de Lopo Gonsalves. Avec la description des costes, havres, isles. Nouvellement traduit de flameng en françois. *Amsterdam, J.-E. Cloppenburch,* 1609, pet. in-fol., pl., veau.   50 »

Titre gravé, portrait, cartes et belles figures sur cuivre donnant les costumes des habitants des contrées décrites. L'ouvrage se complète par une « Description de l'Amérique et des parties d'icelle ».

2673. **Livre du roy Modus** (le) et de la royne Racio. Nouvelle édition conforme aux manuscrits de la Bibliothèque royale, ornée de gravures faites d'après les vignettes de ces manuscrits fidèlement reproduites, avec une préface par Elzéar Blaze. *Paris, Elzéar Blaze,* 1839, gr. in-8, fig., chagr. vert, dos orné de cerfs, plats semés de faucons et de chiens, fil., tr. dor.   100 »

Jolie édition rare, imprimée sur PAPIER DE HOLLANDE en caractères gothiques, ornée de vignettes gravées sur bois tirées des anciens manuscrits. On a relié à la suite : *Découverte bibliographique. Le Livre du roy Modus et de la royne Racio.* par Alphonse Chassant. *Paris, Aubry,* 1870, 12 pp. papier de Hollande.

2674. **Los Rios** (Amador de). Études historiques, politiques et littéraires sur les juifs d'Espagne. *Paris, Dupont,* 1861, in-8, br.   4 »

2675. **Louvet de Couvray.** Mémoires, avec une notice sur sa vie. *Paris, Baudouin,* 1823, in-8, br.   5 »

2676. **Lyonell.** L'Art de relever sa robe. *Paris, Poulet-Malassis,* 1862, in-16, demi-rel. mar. bleu, tête dor., *non rogné.*   5 »

L'un des 100 exemplaires numérotés tirés SUR PAPIER DE HOLLANDE.

2677. **Malingre** (Claude). Les Antiquitez de la Ville de Paris contenans la recherche nouvelle des fondations et établissemens des Eglises, Chapelles, monastères, hospitaux, hostels, maisons remarquables, fontaines, regards, quais, ponts et autres ouvrages curieux ; la chronologie des premiers présidents, advocats et procureurs généraux du Parlement, Prevosts, gardes de la prévosté de Paris, Prevosts des marchands, etc. *Paris, Pierre Rocolet,* 1640, in-fol., fig., veau.   35 »

Cet ouvrage n'est autre chose qu'une troisième édition du *Théâtre des Antiquités de*

Paris de Du Breul, avec des additions et annotations de Cl. Malingre.

Ces annotations portent surtout sur les travaux exécutés à Paris pendant la régence de Marie de Médicis et sous le règne de Louis XIII.

Exemplaire aux armes de G. JOLY, baron de Blaisy, président au parlement de Bourgogne.

2678. **Manière** (La) de bien Penser dans les ouvrages de l'Esprit. Dialogues (par le P. Dom Bouhours). *La Haye, Pierre Gosse,* 1739, in-12, mar. rouge, dos orné, dent., tr. dor. (*Rel. anc.*)   60 »

Reliure allemande du XVIIIe siècle. Sur le 1er feuillet de garde, on lit la note suivante : « Ce livre sort de la bibliothèque de FRÉDÉRIC LE GRAND A SANS-SOUCI. Il en porte le monogramme sur sa couverture et est un des seuls qu'on en ait détachés lors de la prise de Berlin par l'armée française. »

2679. **Mantz** (Paul). Les Chefs-d'Œuvre de la Peinture italienne. *Paris, Firmin-Didot,* 1870, in-fol., cart. toile. (*Rel. de l'édit.*)   40 »

Ouvrage contenant 30 planches chromolithographiques exécutés par *F. Kellerhoven*, 30 planches sur bois et 40 culs-de-lampe et lettres ornées.

2680. — Hans Holbein. Dessins et gravures, sous la direction de M. E. Lièvre. *Paris, A. Quantin,* 1879, in-fol. *en feuilles* dans le cartonnage de l'éditeur.   75 »

Exemplaire sur PAPIER DE HOLLANDE, contenant 28 gravures hors-texte et 49 planches avec plus de 300 sujets.

2681. — François Boucher, Lemoine et Natoire. *Paris, Quantin,* 1880, in-fol., cart. artistique, *non rogné.*   40 »

Illustré de 40 planches hors-texte à l'eauforte par *Boilvin, Champollion, Mongin, Monziès,* etc., et de plus de 100 gravures dans le texte. Publié à 100 francs.

2682. — Le même, in-fol., demi-rel. dos et coins de mar. brun, tête dor., *non rogné.*   55 »

2683. **Marivaux.** Œuvres complètes. *Paris, veuve Duchesne,* 1781, 12 vol. in-8, veau porph., dos orné, fil., tr. dor. (*Rel. anc.*)   60 »

Portrait par *Ingouf,* d'après *de Saint-Aubin.*

2684. **Marmontel.** Contes moraux. *Paris, Merlin,* 1765, 3 vol. in-8, veau écaille, tr. dor.   60 »

PREMIÈRE ÉDITION ornée de jolies figures de *Gravelot.*

2685. **Martial d'Auvergne.** Les Arrets d'Amours, avec l'Amant rendu cordelier à l'observance d'amours. Accompagnez des commentaires juridiques et joyeux de Benoit de Court. *Amsterdam et Paris, Pierre Gaudouin,* 1731,

Achat de Bibliothèques

in-12, veau fauve, dos orné, fil., tr. dor. (*Rel. anc.*)   25 »

Cet exemplaire renferme « *le Glossaire des anciens termes* », rédigé par Lenglet Du Fresnoy.

2686. **Martigny** (L'abbé). Dictionnaire des Antiquités chrétiennes, contenant le résumé de tout ce qu'il est essentiel de connaître sur les origines chrétiennes jusqu'au moyen âge exclusivement. *Paris, Hachette*, 1865, in-8, br.   7 »

2687. **Martin** (Aimé). Introduction au panthéon littéraire. Plan d'une bibliothèque universelle, études des livres, suivi du catalogue des chefs-d'œuvres de toutes les langues. *Paris*, 1837, in-8, demi-rel. mar. brun, tête peigne.   4 »

2688. **Martin** (Henri). Histoire de France, depuis les temps les plus reculés jusqu'en 1789. *Paris, Furne*, 1855, 17 vol. in-8, demi-rel. chagr., tr. jasp.   70 »

Portrait et figures.

2689. **Massé-Isidore** (Charles). La Vendée poétique et pittoresque ou lettres descriptives et historiques sur le bocage de la Vendée. *Nantes, Maugin*, 1829, front. et fig., 2 vol. in-8, br.   10 »

2690. **Masson.** Le Jardin anglais, poème en quatre chants, traduit de l'anglais représentant le Jardin anglais du château de Prunay, près Marly. *Paris*, 1788, in-8, veau.   25 »

5 figures.

2691. **Massimi** (Pacifico). Hecatelegium, ou les Cent Élégies satiriques et gaillardes de Pacifico Massimi, poète d'Ascoli (XVe siècle); littéralement traduit pour la première fois, texte latin en regard. Imprimé à 120 exemplaires pour Isidore Liseux et ses amis. *Paris*, 1885, in-8, de XVI-356 pp., br.   30 »

Ce recueil de poésies, édité à Florence en 1489, est d'une insigne rareté : la copie du texte, pour cette nouvelle édition, n'a pu être prise que sur l'exemplaire de la Bibliothèque Nationale, acheté par elle *douze cents francs*.

2692. **Maton de la Varenne.** Histoire particulière des événements qui ont eu lieu en France pendant les mois de Juin, Juillet, d'Août et de Septembre 1792. *Paris, Perisse et Compère*. 1806, in-8, br.   4 »

2693. **Maupertuis** (Moreau de). Lettre sur la Comète. *S. l.*, 1742, in-12. front., mar. rouge, dos orné, dent., tr. dor. (*Rel. anc.*)   40 »

2694. **Maury** (Alfred). Croyances et légendes de l'Antiquité. *Paris, Didier*,

in-8, demi-rel. veau bleu.   10 »

Rare.

2695. **Maury** (Alfred). Les Forêts de la Gaule et de l'ancienne France. *Paris, Ladrange*, 1867, in-8, br.   10 »

Rare.

2696. — La Magie et l'astrologie dans l'antiquité et au moyen-âge ou étude sur les superstitions païennes qui se sont perpétuées jusqu'à nos jours. *Paris, Didier*, 1860, in-8, br.   8 »

Rare.

2697. **Mémoire** [et second Mémoire] sur le Mariage des Protestans (par Guill. de Lamoignon de Malesherbes). *Paris*, 1787-1788, 2 tomes en un vol. in-8, couv. en papier, *non rogné*. 6 »

2698. **Mémoires** de l'Académie des Colporteurs (par le comte de Caylus). *De l'impr. ordinaire de l'Académie*, 1748, pet. in-8, chagr. bleu, dos orné, fil. et milieux, tr. dor. (*David*). 30 »

Un frontispice non signé, qui est de *Cochin*, et 8 figures dans la manière de *Gravelot*.

2699. **Mémoires** du Ministère du duc d'Aiguillon, pair de France, et de son commandement en Bretagne. *Paris, Buisson*, 1792, in-8, br.   3 »

Rédigés par le comte de Mirabeau, et publiés par Giraud Soulavie aîné.

2700. **Mémoires** et dissertations sur les Antiquités nationales et étrangères, publiés par la Société royale des Antiquaires de France. *Paris, Fournier*, 1817-1821, 3 vol. in-8, br.   10 »

2701. **Mémoires** historiques sur la catastrophe du duc d'Enghien. *Paris, Baudouin*, 1824, in-8, cart.   6 »

Ces mémoires sont extraits des documents publiés par le duc de Rovigo, le général Hulin, le duc de Vicence, le prince de Talleyrand et autres.

2702. **Mémoires** littéraires de Montmartre. *A Neufchâtel et à Paris, chez Belin*, 1786, in-12, cart., *non rogné*.   5 »

Ouvrage facétieux orné de figures sur bois.

2703. **Mémoires** pour servir à l'histoire de l'Académie royale de Peinture et de Sculpture depuis 1648 jusqu'en 1664, publiés par Anatole de Montaiglon. *Paris, Janet*, 1853, 2 vol. demi-rel. veau, tête dor., *non rognés*. 25 »

Rare.

2704. **Mémoires** sur l'affaire de Varennes comprenant le mémoire inédit de M. le Marquis de Bouillé, et le précis historique de M. le comte de Valory. *Paris, Baudouin*, 1823, in-8, cart.   4 »

Et de Livres anciens et modernes

2705. **Mémoires** sur la Vendée, comprenant les mémoires inédits d'un ancien administrateur militaire des armées républicaines et ceux de Mme de Sapinaud. *Paris, Baudouin, 1823,* in-8, br.　　4 »

2706. **Mémoires** sur les prisons, avec une notice sur la vie de Riouffe. *Paris, Baudouin, 1823,* 2 vol. in-8, br.　　8 »

Ces 2 volumes relatifs aux prisons pendant la Révolution, renferment les Mémoires d'un détenu, par Riouffe ; l'humanité méconnue par J. Paris de l'Epinard, l'incarcération de Beaumarchais, les prisons de Port libre, du Luxembourg, etc.

2707. **Méon.** Blasons, poésies anciennes recueillies et mises en ordre par D. M. M*** (Méon). *Paris, Guillemot, 1807,* in-8, demi-rel. dos et coins de mar. vert, dos orné, tête dor., *non rogné.*　　20 »

Exemplaire non cartonné, contenant en double les pp. 53 à 64.

2708. **Mérigot.** Promenades ou itinéraire des jardins de Chantilly. *Paris,* 1791, in-8, cart.　　35 »

20 estampes gravées et dessinées par *Mérigot.*

2709. **Merlin** (le roman de) l'enchanteur, remis en bon français et dans un meilleur ordre, par M. S. Boulard. *Paris, Boulard, 1797,* 3 vol. in-12, demi-rel. veau rose, dos orné, éb. (*Corfmat*).　　10 »

2710. **Messe** (La Sainte) où sont représentés par les actions du prêtre, les mistères de la Passion de N. S. Jésus-Christ, avec les oraisons appliqué à chaque mistère. *Paris, Fr. Jouenne,* s. d. (*vers 1670*), in-12, veau.　　40 »

Volume entièrement gravé, orné de 35 figures en taille-douce.

2711. **Metastasio.** Opere del signor abate Pietro Metastasio. *Parigi, Hérissant,* 1780-7782, 12 vol. in-8, veau dos orné, fil.　　80 »

Bel exemplaire sur PAPIER DE HOLLANDE. Portrait gravé par *Gaucher.* Figures de *Moreau le jeune, Cochin, Martini,* etc., gravées par *Saint-Aubin* et autres.

2712. **Michaëlis.** Histoire admirable de la possession et conversion d'une pénitente séduite par un Magicien, la faisant sorcière et princesse des sorciers au païs de Provence, conduite à la Ste Baume, pour y estre exorcizée l'an MDCX, au mois de Novembre, sous l'authorité du R. P. F. Sébastien Michaelis. Ensemble la Pneumalogie, ou discours des esprits du susdit P. Michaelis. Édition seconde. *Paris, Ch.*

Chastelain, 1613, in-8, vélin.　　60 »

Ouvrage de l'un des instigateurs du procès tristement célèbre qui provoqua la condamnation à mort de Louis Gaufridy comme ayant ensorcelée Madeleine de Mandals, religieuse de la Ste Baume.

A la suite : « Discours des esprits en tant qu'il est de besoin pour entendre et résoudre la matière difficile des Sorciers. »

2713. **Michel** (Ad.). L'Ancienne Auvergne et le Velay. Histoire, archéologie, mœurs, topographie. *Moulins, impr. de P.-A. Desrosiers, 1843-1847,* 4 vol. in-fol., demi-rel. dos et coins de mar. noir, tête dor., *non rognés.*　　225 »

143 planches. -

2714. **Molière.** Œuvres. Nouvelle édition, augmentée de la vie de l'auteur et des remarques historiques et critiques par M. de Voltaire. Avec de très belles figures en tailles-douces. *Amsterdam et Leipzig, Arkstée et Merkus, 1765,* 6 vol. in-12, veau, dos orné, fil., tr. dor. (*Rel. anc.*)　　50 »

Bel exemplaire aux armes ROYALES illustré d'un portrait et de 32 figures de *Punt.* d'après *Boucher,* gravés en taille-douce.

2715. **Mollien.** Mémoires d'un Ministre du trésor public, 1780-1815. *Paris, imp. Fournier, 1845,* 4 vol. in-8, demi-rel. veau fauve.　　70 »

Très rare. Exemplaire en très bel état.

2716. **Moncrif.** Les Chats. *Paris, Gabr.-Fr. Quillau, 1727,* in-8, veau.　　25 »

ÉDITION ORIGINALE. Figures de *Coypel.*

2717. **Monde illustré** (le). *Paris,* 1857-1880, 47 vol. in-fol., demi-rel. chagrin vert.　　150 »

Figures sur bois.

2718. **Monicart** (J.-B. de). Versailles immortalisé par les merveilles parlantes des Bâtimens, Jardins, Bosquets, Parcs, Statues, Pièces d'eaux, Tableaux qui sont dans les châteaux de Versailles, de Trianon, de la Ménagerie et de Marly. Composé en vers libres françois par le sieur Jean-Baptiste de Monicart. *Paris, Ganeau, 1720,* 2 vol. in-4, veau granit.　　35 »

Cet ouvrage est illustré de planches gravées sur cuivre donnant des vues perspectives du château, la reproduction des statues ornant les jardins, ainsi que les tableaux placés dans les appartements royaux.

2719. **Montaigne.** Les Essais de Michel, seigneur de Montaigne. Édition nouvelle enrichie d'annotations en marge. Corrigée et augmentée d'un tiers outre les précédentes impressions. *Paris, Claude Rigaud, 1608,* in-8, titre gravé, vélin.　　25 »

Bonne édition. 8 ff. lim. y compris le titre

Achat de Bibliothèques

gravé et 10 portrait de Montaigne par *Th. de Leu*, 1129 pp. et 18 ff. de table. — Piqûres de vers.

2720. Monteil (Amans-Alexis). Traités de Matériaux manuscrits de divers genres d'histoire. *Paris, Duverger,* 1836, 2 vol. in-8, br.   6 »

Envoi d'auteur.

2721. Montgaillard. Mémoires secrets pendant les années de son émigration. *Paris, an XII* (1804), in-8. br.   5 »

2722. Montpensier (Duc de). Mémoires de S. A. S. Louis-Antoine-Philippe d'Orléans, prince du sang. *Paris, Baudouin,* 1824, in-8. portr., cart.   6 »

2723. Moreau (Hégésippe). Œuvres inédites, avec introduction et notes par Armand Lebailly. — Hégésippe Moreau, sa vie et ses œuvres, documents inédits par Armand Lebailly *Paris, Bachelin-Deflorenne,* 1863, 2 tomes en un vol. in-16, demi-rel. dos et coins de mar. rouge, *non rogné.*   6 »

Frontispices de *Staal.*

2724. Morin (A.-S.). Fantaisies théologiques. *Paris, Le Chevalier.* 1872, in-8, br.   5 »

2725. Musée des Familles. Lectures du soir. *Paris,* 1833-1895, 75 vol. pet in-4, br.   150 »

Collection complète (sauf des années 1845, 1846, 1847 et 1871), illustrées de nombreuses figures sur bois.
Les trois premiers vol. sont cart.

2726. Mystères inédits du quinzième siècle, publiés pour la première fois par Achille Jubinal d'après le ms. unique de la bibliothèque Sainte-Geneviève. *Paris, Téchener.* 1837, 2 vol. in-8, br.   15 »

2 frontispices, fac-simile du manuscrit, tirés sur Chine.

2727. Narcisse dans l'isle de Vénus, poëme en IV chants (par Mallilatre). — Le Jugement de Pâris, poëme en IV chants par Imbert. *Paris, Chaignieau,* 1797, in-12, cart., *non rogné.*   16 »

PAPIER VÉLIN.
Titres par *Eisen et Moreau,* figures de *Saint-Aubin* et de *Moreau* AVANT LA LETTRE.

2728. Nouveaux Contes à rires et aventures plaisantes de ce temps ou récréations françoises. *Cologne. Roger Bontemps.* 1702. in-12. fig., vélin blanc   12 »

Figures à mi-page.

2729. Nouveau Recueil de pièces en vers et en prose (par Mme Dumont, née Lutel). *Paris, L. G. de Hansy,* 1764, in-12, veau granit. dos orné, fil., tr.

dor. (*Rel. anc.*)   40 »

Recueil très rare. (Voy. Barbier, Dict. des ouvrages anonymes. III, 510).
Bel exemplaire aux armes de Béatrice de CHOISEUL, duchesse de GRAMONT.

2730. Olivier (Jacques). Alphabet de l'imperfection et malice des femmes. *Paris,* 1630, in-12, veau rouge, tr. dor.   10 »

Très rare.

2731. Ordonnances des Rois de France de 1539 à 1771. *Paris, Le Boucher,* 1785-1788, 13 vol. pet. in-12, mar. rouge, dos orné. fil., tr. dor. (*Rel. anc.*)   50 »

Petite collection fort bien imprimée et comprenant : Tableau de toutes espèces de succession régies par la coutume de Paris. — Ordonnance civile 1667. — Ordonnance de Louis XIV pour le Commerce, 1673. — Ordonn. criminelle, 1670. — Ordonn. des Eaux et forêts, 1669. — Ordonn. de Louis XV. — Ordonn. pour la Marine, 1681. — Ordonn. de François 1er, 1539; de Charles IX, 1560; de Henri III, 1579, etc. (Le tome II manque).

2732. Panthéon littéraire. Collection universelle de l'Esprit humain. *Paris,* 1836-1846, 24 vol. gr. in-8, à 2 col., br.   45 »

Anonyme grec, 1 vol. — Froissart 1er vol.— Polignac, Coligny, 1 vol. — Brantôme, 2 vol. — Vieux conteurs, 1 vol. — Descartes, 1 vol. — Guicciardini, 1 vol. — Hérodote, 1 vol. — Livres sacrés d'Orient, 1 vol. — Machiavelli, 2 vol. — Moralistes français, 1 vol. — Ouvrages mystiques, 1 vol. — Bibliophile Jacob, 1 vol.— Petits poèmes grecs, 1 vol. — Polybe, 1 vol. — Regnard, 1 vol. — Thucydide, 1 vol. — B. de S.-Pierre, 2 vol. — Sévigné, 2 vol. — Montesquieu, 2 vol.
Taches de rousseur.

2733. Paris. Histoire de la ville de Paris (par l'abbé Desfontaines, d'Auvigny et de La Barre). *Paris, Giffart,* 1735, 5 vol. in-12, veau.   30 »

Ces 5 volumes sont un abrégé de l'histoire de Félibien.

2734. Pathelin. Maistre Pierre Pathelin, texte sur les manuscrits et les plus anciennes éditions, avec une introduction et des notes par F. Génin. *Paris. Chamerot,* 1854, in-8, fig., cart. toile, tête dor., *non rogné.*   20 »

Exemplaire sur PAPIER VÉLIN numéroté. Rare.

2735. Pays-Bas. Les principales villes des Païs-Bas mises en lumière par F. de Witt. *S. l. n. d.,* in-4, demi-rel.   40 »

Titre et 23 planches gravées sur cuivre, donnant la représentation des principales villes de Hollande au XVIIe siècle.

2736. Perrault (Charles). Contes des Fées. *Paris, Le Fuel, s. d. (vers 1812).* in-8 obl., br.   10 »

Titre gravé et figures en taille-douce par Séb. *Leroy.*

Et de Livres anciens et modernes

2737. Petit citateur (le). Notes érotiques et pornographiques, recueil de mots et d'expressions anciens et modernes sur les choses de l'amour, etc. *Paphos*, 1881, in-8, br.   25 »

Cet ouvrage est le complément au dictionnaire érotique du professeur de langue verte (A. Delvau).

2738. Phèdre. Fables de Phèdre, affranchi d'Auguste, traduites en français (par MM. de Port-Royal et retouchée par Camus), avec le texte à côté. *Paris, impr. de Didot l'aîné*, 1806, 2 vol. in-18, demi-rel. dos et coins de mar. rouge, *non rognés.*   25 »

Papier vélin. 110 figures en taille-douce de *Moithey.*

2739. Pibrac. Les Quatrains des sieurs Pybrac, Favre et Mathieu. Ensemble les plaisirs de la vie rustique. *Paris, Ant. Robinot*, 1646, in-8 réglé, mar. bleu, dos orné, fil., tr. dor. (*Closs*).   12 »

Frontispice et figures en taille-douce par *Brebiette.* Raccommodages.

2740. Piganiol de la Force. Description de Paris, de Versailles, de Marly, de Meudon, de S. Cloud, de Fontainebleau et de toutes les autres belles maisons et châteaux des environs de Paris. *Paris, Th. Le Gras*, 1742, 8 vol. in-12, veau.   30 »

Planches gravées sur cuivre, représentant les monuments de Paris et les plans de ses quartiers.

2741. — Nouvelle Description de la France ; dans laquelle on voit le gouvernement général de ce royaume, celui de chaque province en particulier et la description des villes, maisons royales, châteaux et monumens les plus remarquables. Troisième édition. *Paris, Guillaume Desprez*, 1753-1754, 13 vol. in-12, veau.   35 »

Cartes des provinces et plans de villes gravées en taille-douce.

2742. Piis. Chansons nouvelles de M. de Piis. *Paris, Defer de Maisonneuve* (*Paris, Rouquette*, 1891), in-12, br. 12 »

Réimpression textuelle à 300 exemplaires de l'édition de 1785, illustrée de un portrait gravé par *Debucourt*, d'un frontispice par *Choffard* et de 12 figures gravées par *Gaucher* d'après *Le Barbier*.

2743. Plutarque français (le), vie des hommes et des femmes illustres de la France, depuis le vᵉ siècle jusqu'à nos jours. Ouvrage fondé par M. Ed. Mennechet. Deuxième édition publiée sous la direction de M. T. Hadot. *Paris, Langlois et Leclercq*, 1844-1847, 6 vol. in-4, demi-rel. dos et coins de

---

chagr. violet, éb., *non rognés.*   70 »

180 très beaux portraits gravés en taille-douce et tirés sur Chine.

2744. Poésies des xvᵉ et xviᵉ siècles publiées d'après des éditions gothiques et des manuscrits. *Paris, Silvestre*, 1832, in-8, demi-rel. dos et coins de mar. rouge, dos orné, *non rogné* (*Moreau*).   50 »

Recueil de 15 pièces tiré à 100 exemplaires sur papier vergé numéroté et imprimé en caractères gothiques : L'art et science de rhétorique. — Le Casteau d'amours. — Le débat de liver et de leste. — Le débat du vieil et du jeune. — Sermon nouveau. — Le Caquet des bonnes chambrières. — Sermon de S. Haren. — La Reformation des dames de Paris. — Deploration de Robin. — Le Songe doré de la Pucelle. — La complainete de la grosse cloche de Troyes. — Les Souhaiz du Monde. — La Farce du Meunyer. — Moralité de l'aveugle et du boiteux. — La Farce de la pipée.

2745. Poésies diverses. *Leyde, Irameniotena* (*Nantes, Antoine Marié*), 1749, in-12, veau fauve, dos orné, dent., tr. dor. (*Rel. anc.*)   10 »

Ce recueil est dû à un avocat nantais. Séraphique-François Bertrand.

Édition originale.

2746. Puffendorff. Introduction à l'histoire générale et politique de l'univers, complétée par Bruzen de la Martinière. *Amsterdam*, 1743, 6 vol. in-12, mar. vert, fil., dos orné, tr. dor. (*Rel. anc.*)   75 »

2747. Quinze Joyes (les) de Mariage. Ouvrage très ancien (attribué à Ant. de La Salle), auquel on a joint le Blason des fausses Amours (de G. Alexis), le Loyer des folles amours (de G. Crétin), etc. Le tout enrichi de remarques et de diverses leçons (par Le Duchat). *La Haye, A. de Rogissart*, 1734, in-12, veau marbré. (*Rel. anc.*)   15 »

2748. Quinze Joyes (les) de Mariage. *Chartres, Garnier fils*, 1836, pet. in-8 carré, fig., mar. rouge jans., tr. dor. (*Arnaud*).   15 »

Réimpression en caractères gothiques de l'édition faite à Paris par Jehan Trepperel de cet ouvrage attribué à Antoine de la Salle. Papier de Hollande. Vignettes sur bois de *J. Gigoux.*

2749. Quinze Joyes (les) de Mariage. *Paris, Techener*, 1837, pet. in-8 carré, demi-rel. dos et coins de mar. citron, dos orné, tête dor., *non rogné.* 15 »

Réimpression en caractères gothiques faite par les soins de M. Pottier, bibliothécaire à Rouen, de l'édition faite à Paris, vers 1499, par Jehan Trepperel, de cet ouvrage qu'il attribue d'après un acrostiche énigmatique à Antoine de La Salle, auteur du Petit Jean de Saintré.

L'un des 100 exemplaires sur papier de Hol-

Achat de Bibliothèques

LANDE avec jolies vignettes sur bois de *J. Gigoux*.

2750. **Racine**. Œuvres de Jean Racine. Texte original avec variantes, notice par Anatole France. *Paris, Lemerre,* s. d., 5 vol. pet. in-12, portr., br. 10 »

Le tome 4 est relié, demi veau fauve avec coins tête dor., non rogné.

2751. — Phèdre et Hippolyte. Tragédie. *A Paris, chez Jean Ribou au Palais, dans la salle royale, à l'image S. Louis.* 1677, in-12 de 12 ff. prélim. et 74 pp., mar. rouge, fil. dos orné, tr. dor. (*Masson-Debonnelle*). 60 »

ÉDITION ORIGINALE. Superbe exemplaire rempli de témoins. La marge du bas du titre est refaite. Haut. 151 mill.

2752. **Recueil de Romances** historiques, tendres et burlesques, tant anciennes que modernes, avec les airs notés par M. D. L. (de Lusse). *S. l. (Paris)*, 1767, 2 vol. in-8, veau marbr., dos orné (*Rel. anc.*) 15 »

Frontispice par *Eisen* gravé, par *de Longueil* et fleuron sur le titre par *Eisen*.

2753. **Recueil** des Réclamations, remontrances, lettres, arrêts, arrêtés, protestations des Parlemens, Cours des Aides, Chambres des Comptes, Baillages, Présidiaux, Élections au sujet de l'édit de Décembre 1770. *A Londres*, 1773, 2 vol. in-8, veau marbré, dos orné. (*Rel. anc.*) 12 »

2754. **Renouard** (Paul). La Danse. Vingt Dessins de Paul Renouard transposés en harmonies de couleurs. *Paris, Charles Gillot*, 1892, in-fol., *en feuilles* dans le cart. de l'éditeur. 100 »

Belles épreuves sur *Chine* volant, montées sur bristol.

2755. **Restif de la Bretonne**. La Femme dans les trois états de fille, d'épouse et de mère. Histoire morale, comique et véritable. *Londres et Paris, de Hansy*, 1772-1773, 3 tomes en un vol. in-12, demi-rel. dos et coins de mar. citron, *non rogné*. 25 »

Bel exemplaire.

2756. — Le Quadragenaire ou l'âge de renoncer aux passions. Histoire utile à plus d'un lecteur. *A Genève, et à Paris chés la veuve Duchêne*, 1777, 2 vol. in-12, veau (*Rel. anc.*) 10 »

15 figures en taille-douce dont 2 signées *Bacquoy* et *Berthet*.

2757. **Révolution**. Estampes et portraits pour l'Histoire de la Révolution. En un vol. in-12, mar. rouge, dos orné, fil., tr. dor. (*Rel. anc.*) 150 »

Frontispice AVANT LA LETTRE, 4 portraits de Necker, Mirabeau, La Fayette, et 8 jolies figures par *Monnet* AVANT LA LETTRE. Le même volume contient 4 portraits et gravures divers.

2758. **Revue des Deux Mondes**. *Paris*, 1846-1892, 262 vol. in-8, demi-rel. veau fauve, dos orné. 700 »

Très bel exemplaire dans une reliure très fraiche.

2759. **Rietstap** (J.-B.). Armorial général précédé d'un dictionnaire des termes du blason. Deuxième édition, refondue et augmentée. *Gouda, G. B. van Goor Zonen*, 1884-1887, 2 tomes en 27 livraisons in-8, br. 65 »

Ouvrage recherché.

2760. **Riote** (La) du Monde. Le roi d'Angleterre et le jongleur d'Ely (XIIIe siècle), publiée par Francisque Michel d'après deux manuscrits. *Paris, Silvestre*, 1834, in-8, demi-rel. dos et coins de mar. brun, dos orné, tête dor., éb. (*Niderée*). 10 »

Tiré à 100 exemplaires.

2761. **Roberts** (David). Egypt et Nubia, from trawings made on the spot by David Roberts R. A. with historica descriptions by William Prockedon F. R. S. lythographed by Louis Haghe. *London, Moon*, 1846-1849, 2 vol. gr. in-fol., demi-rel. dos et coins de mar. bleu, plats toile, tr. dor. (*Rel. angl.*). 120 »

Très belles lithographies hors texte et dans le texte.

2762. **Rosny** (Lucien de). Histoire de Lille, capitale de la Flandre française, depuis son origine jusqu'en 1830. *Paris, Léon de Rosny*, 1851, in-8, br. 10 »

Lithographies coloriées et figures sur cuivre.

2763. **Roujoux** (Baron de). Histoire pittoresque de l'Angleterre et de ses possessions dans les Indes, depuis les temps les plus reculés jusqu'à la réforme de 1832, par M. le baron de Roujoux. Publiée par MM. Alfred Mainguet et Alexandre Mure de Pelanne. *Paris*, 1834-1836, 3 vol. gr. in-8, veau fauve, dos orné, double rangée de fil., *non rognés*. 30 »

Nombreuses gravures sur bois.

2764. **Sachetti**. Nouvelles choisies de Franco Sacchetti bourgeois de Florence (XIVe siècle) traduites en français pour la première fois par Alcide Bonneau. *Paris, Liseux*, 1879, in-18, portr., br. 12 »

Les *Trecento Novelle* de Franco Sacchetti sont un des monuments de la littérature italienne : comme style, de pur Toscan, elles font autorité et se classent parmi les TESTI DI LINGUA ; comme fond elles ont l'inappréciable avantage d'être des tableaux de mœurs d'une vérité,

Et de Livres anciens et modernes

d'une précision et d'une couleur on ne peut plus rares.

PAPIER DE HOLLANDE.

2765. Sade. (le Mis de). Opus Sadicum a philosophical romance, Litterally translated into English from the French original text (Holland, 1791). *Paris, Liseux*, in-8 de 400 pages, br.   50 »

The original edition of the famous *Justine or the misfortunes of Virtue*, by the Marquis of Sade, is a book in some manner unknown to readers of the present generation. The author disowned it, pretending, according to custom, that an unfaithful friend had robbed him of his manuscript and had published only quite a shabby extract therefrom, unworthy of him whose energetic crayon had sketched the true *Justine*. He was strangely mistaken. This pretended extract is, on the contrary, the main work of the too celebrated monomaniac, and the running of it over again which he caused it to undergo afterwards completely spoiled it. An intrepidity against all proofs whatsoever is necessary to face the reading of *Justine* in four volumes, followed by *Juliet* in six others, and, should one attempt the like, *ennui* and discourage have soon the better of the most tenacious will. Here the case is quite a different one. In the two middling sized tomes, of which the original edition is composed, we have the writer's first conception, such as he had expressed it, before, success coming to embolden him, he undertook the further outbidding over his excentricities; we possess the book which caused so great a sensation, from 1791 to 1795, that Revolutionists did not disdain to peruse, and which, having become exceedingly rare, is wholly forgotten to-day.

2766. Saint-Non (l'abbé Richard de). Voyage pittoresque, ou description des royaumes de Naples et de Sicile. *Paris, Clousier*, 1781-1786, 4 tomes en 5 vol., veau marbr.   250 »

Bel ouvrage richement orné de gravures. Fleurons sur les titres, 376 gravures, 11 grandes vignettes, 71 culs-de-lampe et fleurons, 12 cartes et 1 plan dessinés par *Avray, Choffard, Cochin, Duplessi-Bertaux, Fragonard, etc.*

2767. Saint-Sulpice (Eglise). Mémoire général des fondations de l'église paroissiale de Saint-Sulpice, et de ce que l'œuvre et fabrique de ladite église doit payer tant à M. le curé qu'à la communauté des prêtres desservant la paroisse. *Paris, impr. de Thiboust*, 1744, in-4, mar. vert, dos orné, fil., tr. dor. (*Rel. anc.*)   80 »

Ouvrage fort intéressant pour la connaissance des revenus de l'église.

Très bel exemplaire aux armes de Joseph LANGUET DE GERGY, curé de S.-Sulpice.

2768. Sainte-Beuve. Vie, poésies et pensées de Joseph Delorme. *Paris, Delangle*, 1829, in-16, demi-rel. dos et coins de chagr. bleu, tête dor., éb., *non rogné*.   25 »

Bel exemplaire de *l'ÉDITION ORIGINALE*.

2769. Sainte-Marie Magdeleine. (Dom Pierre d'Abbeville). Traité d'Horlogiographie, contenant plusieurs manières de construire, sur toutes surfaces, toutes sortes de lignes horaires ; et autres cercles de la Sphère. *Paris, J. Dupuis*, 1665, pet. in-8, vélin. 10 »

Frontispice et 72 planches.

2770. Salluste. C. Crispus Sallustius et L. Annaeus Florus. Omnia quae exstant. *Birminghamiæ, typis Joh. Baskerville*, 1773, in-4, mar. rouge, dos orné, fil., tr. dor. (*Rel. anc.*) 40 »

Bel exemplaire.

2771. Sarbievius. Matthiæ Casimiri Sarbievii e societate Jesu carmina, nova editio, prioribus longe auctior et amendatior. *Parisiis, typis J. Barbou*, 1759, in-12, mar. rouge, dos orné, large dent., doublé de tabis, tr. dor. (*Rel. anc.*)   200 »

Très bel exemplaire en PAPIER DE HOLLANDE provenant de la bibliothèque de M. ROB. TURNER.

2772. Scarron. Œuvres de M. Scarron. Nouvelle édition. *Amsterdam, J. Wetstein*, 1752, 7 vol. in-12, portr. et front., cuir de Russie, dos orné, fil., tr. dor. (*Bozérian jeune*).   120 »

Bel exemplaire, grand de marges.

2773. Sermons facétieux ou ridicules, et anecdotes curieuses sur les prédicateurs. *Paris, Delarue, s. d.*, 2 part. en 1 vol. in-8, br.   15 »

Édition tirée à 100 exemplaires.

2774. Sévigné. Lettres à sa fille et à ses amis. Nouvelle édition mise dans un meilleur ordre par Ph. A. Grouvelle. *Paris, Bossange, Masson et Besson*, 1806, 8 vol. — Lettres inédites. *Paris, Klostermann*, 1814, in-8. Ens. 9 vol. in-8, portr. et fac-similé, mar. vert, dos orné, dent., tr. marbr. (*Mairet*).   100 »

Bel exemplaire dans une jolie reliure de l'époque de la publication du livre.

2775. Shakespeare. Œuvres complètes, traduites par François-Victor Hugo. *Paris, Pagnerre*, 1865-1866, 18 vol. in-8, br.   35 »

2776. Spectacles de Paris (les), ou calendrier historique et chronologique des Théâtres. *Paris, veuve Duchesne*, 1766-1791, 7 vol. in-24, mar. rouge, dos orné, fil., tr. dor. (*Rel. anc.*) Chaque volume.   15 »

Années 1766, 1774, 1779, 1780, 1783, 1789 et 1791.

2777. Surius. Le Pieux Pèlerin, ou Voyage de Jérusalem, divisé en trois

Achat de Bibliothèques

livres contenans la description topographique de plusieurs Royaumes, Païs, Villes, Nations estrangeres, nommement des quatorze Religions orientales, leurs mœurs et humeurs, tant en matière de religion que de civile conversation, etc. Le tout remarqué et recueilli par le Père Bernardin Surius. *Brusselles, François Foppens*, 1666, in-4, veau brun.   30 »

Titre gravé, carte et portrait du Père Surius, gravés sur cuivre.

2778. **Tableaux historiques** et topographiques, ou relations exactes et impartiales des trois Evenemens mémorables qui terminerent la campagne de 1796 sur le Rhin. *Basle, Chr. de Mechel*, 1798, in-8, demi-rel. veau.   35 »

Les trois événements sont la Retraite du g¹ Moreau, traduit du D¹ Posselt. — Le Siège de Kehl. — Le Siège de la tête de pont d'Huningue.
Portrait, figure et 4 plans des positions des armées belligérantes.

2779. **Tagereau** (Vincent). Discours sur l'impuissance de l'homme et de la femme ; auquel est déclaré que c'est qu'impuissance empeschant et séparant le mariage ; comment elle se cognoist. *Paris, Jean du Brayet*, 1612, pet. in-8, mar. citron, dos orné, fil., tr. dor. (*Rel. anc.*)   75 »

Bel exemplaire. On a relié à la suite : *Traicté du Divorce par l'adultère*. Paris, 1620, in-8.

2780. **Tasse** (Le). L'Aminte, pastorale du Tasse, imitée en vers français par Baour de Lormian. *Paris, Klostermann*, s. d., in-16, veau brun, dos orné, dent. à froid, comp. sur les plats, tr. dor.   15 »

Vignette sur le titre, et 5 figures d'*Alex. Desenne*, gravés en taille-douce par B. Roger, et tirées AVANT LA LETTRE.

2781. **Tastu** (Mᵐᵉ Amable). Poésies. *Paris, A. Dupont (impr. J. Tastu)*, 1827, in-12, veau vert, dos orné, dent. et milieu à froid, tr. dor.   15 »

Frontispice de *Devéria* tiré sur Chine. Reliure romantique.

2782. **Taylor et Nodier**. Voyages pittoresques et romantiques dans l'ancienne France. — Auvergne. *Paris, Didot*, 1829, 2 vol. in-fol., demi-rel. chagr. rouge, *non rognés*.   175 »

L'Auvergne renferme environ 250 planches, la plupart sur Chine ; avec de nombreux culs-de-lampe tirés dans le texte. Bel exemplaire.

2783. — Voyages pittoresques et romantiques dans l'ancienne France. — Champagne. *Paris, Didot*, 1857.

2 vol. in-fol. demi-rel. chagr. rouge, *non rognés*.   250 »

La Champagne renferme environ 400 planches, la plupart sur Chine. Très bel exemplaire.

2784. **Taylor et Nodier**. Voyages pittoresques et romantiques dans l'ancienne France. — Picardie. *Paris, Didot*, 1835, 3 vol. in-fol., demi-rel. chagr. rouge, *non rognés*.   250 »

La Picardie renferme environ 400 planches la plupart sur Chine. Chaque page de texte est tirée dans un encadrement historié.
Très bel exemplaire.

2785. **Testament** (Le Nouveau) en latin et en français, traduit par Sacy. Edition ornée de figures gravées sur les dessins de Moreau le jeune. *Paris, Saugrain (imp. de Didot le jeune)*, 1791-1801, 5 vol. gr. in-8, demi-rel. veau fauve, dos orné, *non rognés*.   100 »

4 frontispices et 103 figures par *Moreau*, gravées par *Baquoy, Dambrun, Delaunay, Delignon, Delvaux, Duhamel, Dupréel, Halbou, de Longueil, Simonet*, etc.

2786. **Thiers**. Histoire du Consulat et de l'Empire. *Paris, Furne*, 1845-1860, 20 vol. in-8, br.   45 »

2787. **Thomassin** (Simon). Recueil des figures, groupes, thermes, fontaines, vases, statues et autres ornemens de Versailles, tels qu'ils se voyent à présent dans le château et parc gravé d'après les originaux par Simon Thomassin. *Amsterdam, P. Mortier*, 1695, 4 tomes en un vol. in-4.   45 »

Frontispice, plan de Versailles avec indication de l'emplacement du parc au cerf, et 218 planches gravées en taille-douce.

2788. **Traité des Eunuques**, dans lequel on explique toutes les différentes sortes d'Eunuques, quel rang ils ont tenu, et quel cas on en a fait, etc. On examine principalement s'ils sont propres au mariage, par M. D. (Ch. Ancillon). *S. l.*, 1707, in-12, demi-rel. dos et coins de chagr. brun, tête dor., *non rogné* (Smeers).   12 »

Bel exemplaire.

2789. **Trésor des pièces rares ou inédites** (le). *Paris, Aubry*, 1855-1861, 18 vol. pet. in-8, pap. vergé, cart. perc. grise, *non rognés*.   55 »

Œuvres inédites de P. de Ronsard. — La Ruelle mal assortie. — Les Loix de la galanterie, 1644. — Description de la ville de Paris au xvᵉ siècle par Guilbert de Metz. — Mémoire du Voyage en Russie fait en 1586, par Jehan Sauvage, suivi de l'Expédition de Fr. Drake en Amérique. — Les Eglises et monastères de Paris, pièces en prose et en vers des xiᵉ, xiiiᵉ et xivᵉ siècles. — La Journée des Madrigaux, suivie de la Gazette de Tendre. — — Chansons et Saluts et d'amour de Guillaume

Et de Livres anciens et modernes

de Ferrière dit le Vidame de Chastre. — Philobiblion, excellent traité sur l'amour des Livres, par Richard de Bury. — Les Vers de maitre Henri Baude, poète du xvᵉ siècle. — Ch. Du Lis. Opuscules historiques relatifs à Jeanne d'Arc. — Procès de François Ravaillac. — Récit des Funérailles d'Anne de Bretagne. — Le Livre de la chasse du grand Seneschal de Normandie. — Chants historiques et populaires du temps de Charles XII et de Louis XI. — L'Enlèvement innocent (1609-1610) vers itinéraires et faits en chemin, par Claude-Enoch Virey. — Le Blason des couleurs en armes, livrées et devises par Sicile.— Paris au xiiiᵉ siècle, par Springer.

2790. **Tuetey** (Alex.). Répertoire général des sources manuscrites de l'Histoire de Paris pendant la Révolution française. *Paris, impr. Nouvelle,* 1890-1894, 3 vol. gr. in-8, br.   12 »

2791. **Univers pittoresque.** Histoire et description de tous les peuples, de leurs religions, mœurs, coutumes, etc. *Paris, Firmin-Didot,* 1835 *et suiv.,* 67 vol. in-8, cart., *non rognés* et br.   100 »

> Important ouvrage rédigé par des écrivains, qui, pour la plupart, ont séjourné dans les lieux dont ils parlent ; il comprend : Europe. 41 vol. ; Asie, 11 vol. ; Afrique, 7 vol. ; Amérique, 5 vol. ; Océanie, 3 vol. ; et est illustré de plus de 3000 gravures sur acier.

2792. **Urfé** (Honoré d'). L'Astrée, ou par plusieurs histoires et sous personnes de bergers, et d'autres, sont deduits les divers effets de l'honneste amitié. Reveue et corrigée en cette dernière édition. *Imprimé à Rouen, et se rend à Paris, chez Aug. Courbé,* 1647, 4 vol. — La Conclusion et dernière partie d'Astrée par le Sʳ Baro. *Paris, Aug. Courbé,* 1647. Ens. 5 vol. pet. in-8, front. et portr., veau fauve, dos orné. (Rel. anc.)   75 »

> Quelques ff. raccommodés.

2793. **Vallet de Viriville.** Histoire de l'Instruction publique en Europe et principalement en France, depuis le christianisme jusqu'à nos jours. *Paris,* 1849, in-4, demi-rel. mar. rouge. dos orné, tr. jaspée.   15 »

> Universités, collèges, écoles des deux sexes, académies, bibliothèques publiques, etc. — Illustrations sur bois et planches en chromolithographie d'après les documents anciens.

2794. **Vénus la populaire.** ou apologie des maisons de joye. *Londres,* 1727. pet. in-8, veau fauve, fil., tr. dor. (*Thouvenin*.)   25 »

> PREMIÈRE ÉDITION, publiée en Hollande. Bel exemplaire contenant sur la première garde une note bibliographique manuscrite de A. Dinaux.

2795. **Vivant-Denon.** Monuments des Arts du Dessin chez les peuples tant anciens que modernes, recueillis par le baron Vivant Denon. Lithographiés par ses soins et sous ses yeux. Décrits et expliqués par Amaury Duval. *Paris, Firmin-Didot,* 1829, 4 vol. in-fol., demi-rel. dos et coins de chagr. vert.   200 »

> Ouvrage intéressant tiré à petit nombre ; le premier volume est spécialement consacré à l'histoire des arts du dessin chez les différents peuples du monde.
> PAPIER VÉLIN. Planches lithographiées, en noir et en couleur.

2796. **Voltaire.** Œuvres, avec préfaces, avertissements, notes, etc. par M. Beuchot. *Paris, Lefèvre (imprimerie de Firmin-Didot),* 1829-1834, 70 vol. — Table analytique, rédigée par M. Miger. *Paris,* 1841, 2 vol. Ens. 72 vol. in-8, br.   300 »

> Très bel exemplaire sur papier cavalier-jésus, avec ses couvertures de souscription, non lavé. remarquable par sa fraicheur. La table des matières de l'essai sur les mœurs, qui manque souvent, s'y trouve.

2797. **Waroquier de Combles.** État de la Noblesse, année 1782 [et 1783] pour servir de supplément à tous les ouvrages historiques, chronologiques, généalogiques. — Armorial des principales Maisons de France et étrangères, enrichi de près de 400 figures en taille-douce. *Paris. Le Boucher,* 1782-1783, 6 vol. in-12, demi-rel. chagr. bleu, tr. jaspée.   50 »

> 366 jolis blasons finement gravés en taille-douce.

2798. **Weber.** Mémoires concernant Marie-Antoinette, Archiduchesse d'Autriche et Reine de France. *Paris, Baudouin,* 1822. 2 vol. in-8, br. 12 »

2799. **Welschinger** (Henri). La Censure sous le premier Empire, avec documents inédits. *Paris. Charavay,* 1882, in-8, br.   4 50

2800. **Willette.** Le Pierrot. Collection complète du 6 juillet 1888 au 20 mars 1891. *Paris,* 1888-1891, 51 numéros. in-fol., demi-cart. toile, *non rogné.*   40 »

> Cette collection, devenue rare, contient tout le procès de Pierrot avec son éditeur.

2801. **Wyzewa** (T. de). Les Chefs-d'œuvre de l'art au xixᵉ siècle. La peinture étrangère au xixᵉ siècle. *Paris, libr. illustrée, s. d.,* in-4. cart. toile, fers spéciaux, tête dor., éb.   18 »

> Belles planches à l'eau-forte et en taille-douce tirées sur chine appliqué. Vignettes dans le texte.

Le Propriétaire-Gérant : **Th. BELIN.**

MACON, PROTAT FRÈRES. IMPRIMEURS